W0343770

L'Occident déboussolé

Du même auteur

Quand la psychose fait dérailler le monde, avec Renaud Girard, Gallimard, 2020.

Jean-Loup Bonnamy

L'Occident déboussolé

Éditions de L'Observatoire

ISBN : 979-10-329-2981-0
Dépôt légal : 2024, mars

170 *bis*, boulevard du Montparnasse, 75014 Paris

À la mémoire de Jean-Michel Quatrepoint.

Introduction

Besançon-Belfort

Dans le train qui m'emmène de Besançon à Belfort, je me replonge dans une des aventures d'Arsène Lupin. Face à moi, un homme dort. Casquette enfoncée, capuche de sweat-shirt rabattue sur le visage, pieds sur le siège opposé. Doucement, la contrôleuse lui touche l'épaule pour le réveiller afin de contrôler son titre de transport. Après quelques secondes d'une conversation embrouillée, il apparaît que le voyageur n'a pas de billet. Le ton monte, le voyageur devient de plus en plus agressif : mauvaise foi, injures, menaces… Il se lève pour en imposer davantage, agite les bras. Il en vient rapidement aux propos racistes : un « Sale Française » est lâché. Il hurle : « Si tu me mets une amende, il va y avoir ton sang sur les murs !… » Impassible, l'employée de la SNCF lui tient tête avec calme et courage.

Tout à coup, l'homme repasse au vouvoiement : « De toute façon, vous êtes une raciste. Je vais porter plainte contre vous. » La contrôleuse ne répond plus rien et semble déstabilisée. Elle ne comprend pas. À aucun moment elle n'a tenu de propos racistes ni fait référence aux origines supposées de la personne. Tout au long de la confrontation, elle s'est montrée polie et respectueuse. Le contrevenant comprend alors qu'il a touché juste et insiste afin d'exploiter son avantage. En pleine inversion accusatoire, il menace de dénoncer l'employée à sa direction pour ses « insultes racistes ». La contrôleuse flanche. Elle bredouille un « C'est bon pour cette fois » et s'en va sans mettre d'amende.

L'homme a eu ce qu'il voulait. Un voyage gratuit. Ce que ni les insultes, ni l'intimidation physique, ni les menaces de mort n'avaient pu permettre, la simple – et imaginaire – accusation de racisme a permis de l'obtenir d'un claquement de doigts[1].

Des épisodes comme celui-ci, la France en connaît des centaines chaque jour. C'est devenu ordinaire, bien trop ordinaire.

Le choc des civilisations sur notre sol ?

Cette anecdote n'est qu'une énième illustration de l'état global d'incivilité, voire d'insécurité, qui gangrène notre pays ainsi que des problèmes liés à l'immigration, à tel point que d'aucuns sont allés jusqu'à parler d'un « choc des civilisations » qui se déroulerait sur notre sol.

La formule est du politologue américain Samuel Huntington, qui, après l'effondrement de l'URSS,

---

1. Les fausses accusations de racisme et d'islamophobie sont monnaie courante. En avril 2023, dans une vidéo du youtubeur, « Rebeudeter », toujours disponible en ligne, un invité explique fièrement, et avec un grand sourire, avoir confectionné et s'être envoyé une fausse lettre de menaces racistes alors qu'il était collégien. Il dit avoir accusé une de ses jeunes camarades, qui avait perdu un proche lors de l'attentat du Bataclan, d'en être l'auteur. La jeune fille aurait alors été placée en garde à vue par la police et aurait également été menacée par plusieurs collégiens. Cette manœuvre aurait permis à l'individu d'obtenir un certain nombre de passe-droits de la part de son établissement, soucieux d'éviter toute accusation de racisme.

en 1991, a considéré que le cadre dominant de la géopolitique n'était plus l'État ni l'idéologie, mais de vastes ensembles civilisationnels désormais voués à exalter leurs racines, à se replier sur eux-mêmes, voire à s'affronter les uns les autres. Les frontières séparant ces civilisations seraient l'endroit privilégié de leur affrontement. Les guerres d'ex-Yougoslavie (1991-1995) apparaîtraient ainsi comme le fruit d'un choc entre civilisations islamique, orthodoxe et occidentale, qui se rejoignent et s'entremêlent dans cette région des Balkans. Beaucoup de lecteurs d'Huntington ont repris sa thèse en l'élargissant et affirment que, par l'immigration de masse, les pays occidentaux ont importé ce type de conflits sur leur sol. L'anecdote du train Besançon-Belfort serait ainsi l'un des innombrables exemples de ce choc.

Mais les choses ne sont-elles pas plus complexes ? Voyons la suite de l'anecdote vécue dans le train. Alors que la contrôleuse bat en retraite, un autre voyageur, qui n'a rien perdu de la scène, se lève et demande poliment à la contrôleuse de revenir, puis lui montre une carte. Autour du cou, il porte en pendentif un croissant, symbole de l'islam. Très imposant physiquement, il se dirige vers le fraudeur, accompagné de l'employée : « Vous êtes mal tombé, jeune homme. Agent du service de sécurité de la SNCF, je suis en congé, mais ça ne va pas m'empêcher d'aider ma collègue à faire son travail en vous mettant l'amende que vous méritez. Et vous comprenez bien qu'avec ma tête vous pouvez oublier vos petites accusations mensongères de racisme. Bien sûr, on va prendre en compte les insultes et appeler la police, qui viendra vous chercher à la gare. »

Si nous avions vraiment affaire à un choc des civilisations, comment expliquer le comportement de cet homme ? La clef de ce que nous vivons est ailleurs.

La réaction paradoxale

1924. Une poignée de pays occidentaux domine l'essentiel des terres émergées et de la population mondiale. Une telle domination, inédite dans l'histoire de l'humanité, est le fruit d'une volonté d'exploration et de puissance caractéristique de la mentalité occidentale. 2024. En à peine cent ans, la contraction est spectaculaire. Les pays occidentaux ont perdu leurs empires coloniaux. D'autres, Chine, Inde, pays africains, etc., ont connu une explosion démographique, ce qui a considérablement réduit le poids relatif des Occidentaux dans la population mondiale. La Chine est la deuxième puissance économique mondiale, le Japon la quatrième. On ne compte plus les dirigeants qui cherchent à affirmer l'identité millénaire de leur pays : de Recep Tayyip Erdogan, qui réhabilite le passé ottoman de la Turquie, à l'Indien Modi, qui s'habille en costume traditionnel et évite l'anglais autant qu'il le peut au profit de l'hindi. Bref, l'Occident ne « donne plus le *la* » au reste du monde, qui commence à réapprendre à vivre sans lui, sans nous.

Or, cette situation est insupportable pour des Occidentaux ne sachant plus comment se positionner par rapport au reste du monde. N'avoir plus les moyens humains, politiques et économiques de dominer le monde est insupportable et l'Occident exprime son angoisse par toutes sortes de moyens paradoxaux. Devant le spectacle de la puissance perdue, beaucoup s'enferrent dans un mélange de nostalgie, de paternalisme et de culpabilité. C'est ce schéma qui explique tout à la fois le recours à l'immigration, le wokisme et la repentance, ou encore les guerres d'ingérence comme en Irak ou en Libye.

Pour les élites occidentales, le recours à l'immigration cache, en réalité, un retour à la pulsion colonialiste et à l'imaginaire colonial qui structure une bonne partie de l'inconscient. L'immigration est ainsi la poursuite de la colonisation par d'autres moyens. Derrière la bonne conscience du discours antiraciste et immigrationiste se tient un inconscient néocolonial, paternaliste, voire franchement raciste. Derrière le masque du discours humanitaire apparaît la réalité de l'exploitation économique d'un prolétariat issu des anciennes colonies. Et, de même qu'hier l'aventure coloniale fascinait les élites, mais laissait indifférentes les classes populaires, de même l'immigration est aujourd'hui rejetée par les classes populaires, mais reçoit le soutien des élites. Dans ce cadre, le discours prétendument antiraciste sert à disqualifier toute critique de cette entreprise néocoloniale qu'est l'immigration de masse.

La colonisation s'est faite au nom d'un mélange de générosité et de condescendance. Jules Ferry la justifiait au nom de la « mission civilisatrice » envers les « races inférieures[1] ». Cette même attitude, en apparence généreuse, en réalité méprisante, se retrouve dans le laxisme avec lequel sont traités les comportements problématiques de personnes issues de l'immigration. Celles-ci ne sont pas vues comme des égales, mais comme des enfants dont on ne peut pas exiger grand-chose. De là viennent les excuses que l'on cherche à donner à toutes sortes d'attitudes pourtant dérangeantes, inadmissibles, à commencer par les mensonges sur les statuts de réfugié, d'étudiant ou de mineur isolé. On sait par exemple que, parmi les mineurs revendiqués, une

1. Discours de Jules Ferry du 28 juillet 1885 devant la Chambre des députés, « Les fondements de la politique coloniale » (voir le site de l'Assemblée nationale).

forte proportion a atteint la majorité[1]. On pensera au cas d'Hassan A., « mineur isolé » qui avait attaqué des passants avec un hachoir en septembre 2020. Il avait en réalité 25 ans.

Vient ensuite la repentance. En s'accusant de tous les maux, l'Occident peut ainsi rester au centre du jeu. Lorsqu'il était le plus fort, il se glorifiait de tout ; maintenant qu'il se rétracte, il s'accuse de tout ; dans les deux cas, il se pense comme l'unique acteur responsable et dénie aux autres civilisations toute action autonome. Entre colonialisme triomphant et décolonialisme victimaire, le contenu du discours a changé, mais la matrice reste exactement la même. Le passage de la première posture à la seconde s'explique par un déclin de puissance, nullement par un changement de vision. Mais la réalité est que, dans l'histoire, l'Occident n'a jamais eu le monopole de la conquête ni de l'esclavage, pratiques universellement répandues.

Prenons l'exemple des accusations portées contre la police, dont l'action serait marquée par un racisme systémique. En insistant de manière obsessionnelle sur les Afro-Américains tués par la police, on oublie que 93 % des Noirs victimes d'homicide aux États-Unis sont en fait

1. « Dans mon département, la Seine-et-Marne, entre 70 % et 80 % des personnes interpellées qui veulent bénéficier du statut de MNA (les mineurs étrangers non accompagnés) sont en fait majeurs. On arrive à le mettre en évidence soit par des enquêtes de personnalité assez poussées, soit par un contrôle de la fraude documentaire effectué par la police aux frontières », déclare Jean-Louis Thiériot, député LR, interviewé par Ronan Planchon, *in* « Jean-Louis Thiériot : “Le statut dévoyé de mineur accompagné crée un appel d'air” », site internet FigaroVox, 5 octobre 2023. Le département du Doubs, dont les élus ont voté, le 23 octobre, une motion relative à l'afflux de jeunes migrants, souligne que sur 1 000 individus réputés mineurs non accompagnés, 700 ont été reconnus majeurs par les services, dix recours seulement ayant été déposés devant le juge administratif.

tués par d'autres Noirs. Pour les décoloniaux, la vie des Noirs ne compte que quand ils sont tués par des Blancs. Paradoxalement, en dénonçant le « privilège blanc » ou le « racisme systémique », on continue à ne parler que des Blancs et à occulter les Noirs et les difficultés réelles qu'ils rencontrent. Les contradictions internes du néo-antiracisme l'amènent à renverser ce qu'il voulait défendre et à perpétuer ce qu'il voulait abattre.

Si les discours *wokes* et décoloniaux charrient un profond racisme antiblanc, ils sont également porteurs d'un présupposé raciste inavoué contre tous les autres groupes ethniques. Aux États-Unis, partant du constat que les élèves afro-américains réussissaient moins bien en mathématiques, on a accusé les mathématiques d'être racistes et publié des manuels alternatifs destinés aux élèves noirs. Ces manuels renoncent à toute exigence de précision et de rigueur, expliquant que des réponses tout à fait approximatives sont recevables. Une telle vision est raciste puisqu'elle enferme les élèves dans une situation où ils seraient, par essence, incapables de toute rigueur logique. Sous couvert d'antiracisme, on renoue avec les pires clichés du colonialisme et du racisme.

Derrière la repentance et les excuses, on trouvera une volonté narcissique d'attirer l'attention sur soi. Derrière la tolérance proclamée poindront en fait mépris, condescendance et paternalisme.

Il est temps de rompre avec ces discours obligés et de revenir à soi. Il s'agira de voir d'abord comment l'immigration poursuit la colonisation et déstructure psychiquement bon nombre d'immigrés, puis d'analyser l'escroquerie intellectuelle du néo-antiracisme et de la repentance, qui relèvent de l'ethnocentrisme, et enfin de voir comment cette confusion totale aboutit au courant *woke*.

1

Immigration : vous avez dit décolonisation ?

Chose vue : Zemmour, les immigrés et le Medef

Un jour, à la sortie d'un plateau de télévision, j'ai eu l'occasion de parler avec une responsable du Medef. Cette grande bourgeoise me faisait part de son admiration pour Éric Zemmour, alors candidat à l'élection présidentielle. Elle me disait à quel point elle haïssait le wokisme, défendait l'identité française, souhaitait plus de fermeté face à la délinquance. Mais elle s'empressa de préciser que « s'il était élu, il faudrait qu'il change de position sur l'immigration et donne massivement des papiers aux clandestins, car si on les renvoyait, neuf crêperies sur dix à Paris feraient faillite ».

Cette remarque est révélatrice de l'état d'esprit d'une partie du patronat. L'immigration est le stade ultime du colonialisme[1]. Elle n'est pas le fruit de la repentance, comme certains le croient parfois à droite, mais

1. En 1916, Lénine écrivait *L'Impérialisme, stade ultime du capitalisme*, dans lequel le révolutionnaire russe analysait la colonisation comme la conséquence inévitable des développements et des contradictions du capitalisme.

bien la volonté inconsciente de poursuivre par d'autres moyens le projet colonial, projet qui reste ancré dans les imaginaires et les structures socio-économiques. La France ne s'est pas remise d'avoir perdu son empire et d'être réduite aux seules dimensions de l'Hexagone. Elle reproduit donc une structure impériale sur son propre sol.

Le cas français : omniprésente question identitaire

La désoccidentalisation du monde suscite une angoisse qui, dans le cas français, investit prioritairement la thématique identitaire.

Ce qui est révélateur dans la scène du train racontée plus tôt, c'est la première réaction de la contrôleuse, qui a préféré battre en retraite face à des accusations imaginaires de racisme. Il a suffi au contrevenant de brandir le talisman de l'accusation de racisme pour gagner la partie. Mais l'efficacité de sa tactique a été neutralisée par l'intervention courageuse d'un agent de sécurité immunisé par ses origines. On voit là le poids d'un certain discours antiraciste qui s'est ancré en profondeur dans la société, pénétrant même les esprits. Bien plus qu'à deux civilisations sûres d'elles qui s'affronteraient, il s'agit plutôt d'un dérèglement interne à l'Occident. La surprise est d'autant plus grande que le racisme a considérablement reculé dans les sociétés occidentales, qui sont aujourd'hui les moins racistes au monde. Plus la chose fait défaut dans la réalité, plus le discours antiraciste, lui, est omniprésent. Moins il y a de racisme dans les faits, plus on passe de temps à le dénoncer dans les mots. Racisme nulle part, antiracisme partout : tel est le fruit de l'obsession identitaire qui caractérise notre temps. En Afrique ou en Birmanie, on court le risque d'être massacré par une ethnie rivale ; en Chine, les musulmans ouïgours sont parqués dans des camps de concentration ; en Inde, musulmans et chrétiens sont la proie d'exactions de la part des nationalistes hindous… Rien de tel en Occident.

L'identité, la différence, les origines sont devenues des enjeux majeurs du débat public. Comme l'écrivait, en 1993, le regretté sociologue Paul Yonnet :

> Cette compétition à la légitimation par le passé identitaire, ce recours conservateur à la sauvegarde des origines – je dirais même à la sauvegarde par les origines – illustrent la cristallisation d'une mentalité collective de crise identitaire. Celle-ci occupe le paysage, organise l'intelligibilité de maints discours et controverses, se manifeste avec une très vive sensibilité dans les domaines où les décideurs politiques ne l'attendaient pas. Ce fond de mentalité devient l'unité de sensibilité du pays[1].

Une crise identitaire qui se niche jusques et y compris au cœur de la langue, comme l'a montré le sociologue, citant les débats de 1991 sur une possible réforme de l'orthographe. Très vite, le sujet fut codé en termes identitaires : les partisans de la réforme se présentèrent comme des « progressistes », amis de l'« ouverture », tandis que ses adversaires signèrent une tribune intitulée « L'orthographe est notre patrie ». La question de la pertinence linguistique de la réforme ainsi que de ses avantages et inconvénients pédagogiques avait ainsi été évacuée au profit d'un débat identitaire. Trente ans plus tard, les choses n'ont pas changé. En août 2023, un hebdomadaire généraliste, classé habituellement

1. Paul Yonnet, *Voyage au centre du malaise français. L'antiracisme et le roman national*, Gallimard, 1993 ; réédité aux éditions de L'Artilleur, en 2022, p. 204.

au centre droit, faisait sa couverture sur le chanteur Jean-Jacques Goldman. Rien ne semble plus éloigné de la question identitaire. Et pourtant, le titre choisi y ramenait directement : « Les années Goldman : quand la France s'aimait[1] ».

La question identitaire est devenue une matrice générale qui produit des positions en apparence opposées. Tant les mouvements différentialistes, prétendument antiracistes, qui exaltent les origines, le droit à la différence des populations immigrées, que les mouvements identitaires et conservateurs, soucieux de préserver la pureté des origines françaises, sont les symptômes, les produits, d'un même malaise identitaire. Partageant des paradigmes et des prémisses identiques, ils contribuent à l'entretenir et à l'aggraver. Ce sont les deux faces d'une même médaille.

Et, bien sûr, c'est sur l'immigration que porte le plus cette thématique identitaire.

« Les Français ne veulent plus faire ces métiers »

La majorité des Français ne veut plus de la poursuite de l'immigration. Mais le 28 août 2023, l'Institut Montaigne, cercle de réflexion très lié aux classes dirigeantes, pourtant classé à droite, publiait une note soulignant l'importance primordiale de l'immigration pour l'économie française dans les années à venir. Tandis que le gouvernement, dans le même esprit, entendait régulariser les travailleurs sans papiers dans les métiers en tension, c'est-à-dire ceux qui peinent à recruter. Cette ardente nécessité de l'immigration, qui

1. *Le Point*, 3 août 2023.

évoque l'« ardente nécessité du Plan » d'autrefois, non seulement ferait tourner l'économie, mais sauverait la natalité et, à partir de là, les retraites.

Comment ne pas être surpris de voir un pays qui compte 6 millions de chômeurs toutes catégories confondues confronté à de telles difficultés de recrutement dans autant de secteurs ? On ferait bien de s'interroger sur ce paradoxe.

On entend régulièrement dire que « les Français ne veulent pas faire ces métiers », mais on ne se demande presque jamais pourquoi ni comment changer les choses. Pourtant, la réponse est assez simple. Premièrement, les Français ne veulent pas exercer ces métiers, car il s'agit d'emplois mal payés. Il faudrait commencer par augmenter les salaires et payer les gens correctement pour remédier au problème. Mais l'appât du gain, le ronron des habitudes, l'idéologie, tout pousse l'État et le patronat à préférer poursuivre l'immigration.

Notre système social très généreux empêche le retour à l'emploi de millions de chômeurs. Suspendre les allocations de ceux qui refusent un emploi plutôt que de faire appel à l'immigration relève du bon sens. Ensuite, les Français refusent d'exercer ces emplois parce qu'ils sont concentrés dans les métropoles. Or, les classes populaires ont été chassées des métropoles, reléguées dans la France périphérique, du fait du coût exorbitant de l'immobilier. Seuls les immigrés de fraîche date peuvent accepter les conditions de logement très précaires offertes aux prolétaires dans les métropoles ou les zones touristiques. Rares sont les citoyens français prêts à accepter de vivre dans un squat ou à plusieurs dans une chambre de bonne dégradée[1]... Gentrification

1. La régularisation des clandestins ne mettra pas un terme à leur exploitation. C'est bien pour cela que le patronat y est favorable.

bobo, pénurie de main-d'œuvre et immigration vont de pair. Comme le souligne Maider Arosteguy, la maire de Biarritz, territoire touristique très gentrifié : « Il y a une tension énorme sur l'hôtellerie, la restauration, le BTP, les services à la personne, l'esthétique. Par contre des profs de yoga, de Pilates, des coachs en bien-être et en embrassage d'arbre, j'en ai dans tous les quartiers[1]. »

On ne peut pas aborder la question migratoire sans poser celle du logement et de la coupure entre métropoles et France périphérique, car c'est cette coupure qui éloigne une bonne partie des salariés des zones où se concentre l'emploi.

La France a oublié l'adage selon lequel il n'y a pas de sots métiers. Jusque dans les années 1980, des travailleurs français exerçaient des métiers peu qualifiés, pas très bien payés, mais nullement perçus comme indignes. Chacun trouvait sa place et jouait son rôle dans la société. Mais ces métiers sont aujourd'hui disqualifiés socialement à force d'avoir été tournés en dérision par les médias et méprisés par l'école. Cette déconsidération symbolique s'est manifestée très concrètement de trois manières : en les faisant disparaître et en ne les remplaçant pas, au prix d'une dégradation globale de la qualité de vie pour tous ; en faisant faire le travail par le client ou l'usager lui-même : c'est le véritable sens des bornes automatiques, qui remplacent les guichets et leurs agents. C'est aussi ce que l'on constate dans les stations-service où les pompistes ont disparu et où l'automobiliste doit sortir de son véhicule pour faire lui-même le plein. Des pays très développés, comme les États-Unis

1. Véronique Chocron, « Au Pays basque, la crise aiguë du logement réveille le spectre de la violence : "Nos enfants sont exclus de leur territoire" », *Le Monde*, 4 novembre 2022.

et le Japon, ont fait le choix opposé : les pompistes n'ont pas disparu et une multitude de petits emplois prospèrent. Et enfin en faisant effectuer le travail par un immigré : c'est cette tendance qui prédomine dans le bâtiment, le nettoyage, le gardiennage où l'aide à la personne. À cause de ce phénomène, chômage de masse et immigration avancent de conserve. On préfère avoir un Français au chômage et un immigré qui occupe à sa place un travail peu qualifié que de voir le premier occuper ce poste. Il s'agit là d'une spécificité nationale.

Remettons la causalité dans le bon ordre. Ce n'est pas parce que les Français refusent de faire ces métiers qu'on fait appel à l'immigration. C'est parce qu'on fait appel à l'immigration qu'ils ne veulent plus exercer ces métiers. En effet, le recours massif à l'immigration dévalorise symboliquement et économiquement ces professions, ce qui maintient les salaires bas. Les Français qui acceptent ces emplois se retrouvent en minorité, avec des collègues immigrés dont ils ne partagent ni la culture ni les us et coutumes, souvent pas même la langue. Par conséquent, plus on fait appel à des immigrés, moins les nationaux veulent exercer ces emplois. On doit donc faire appel à de nouveaux immigrés. Et ainsi de suite. Mais surtout, ce recours à la main-d'œuvre immigrée constitue un énième retour de la pulsion coloniale qui structure tout notre imaginaire. Les patrons qui se targuent fièrement sur les chaînes de télévision d'employer – exploiter serait plus juste – des immigrés clandestins, en toute illégalité donc, sont comparables à ces colonisateurs brutaux du début du XXe siècle, fiers de « faire suer le burnous ». Notre imaginaire colonial, omniprésent, se manifeste, on le voit, de nombreuses façons.

Une économie de pays colonial

Tout d'abord, l'économie française reproduit le modèle colonial. En effet, à l'époque coloniale, l'économie française était duale : composée, d'une part, d'un capitalisme industriel, totalement déconnecté de la colonisation, et, d'autre part, d'un capitalisme rentier, étroitement lié à elle. Comme l'écrit Pierre Vermeren :

> Un capitalisme français, marchand et financier, est né de la compétition coloniale. Aucune technologie industrielle dans ce capitalisme-là, mais seulement des villes, des banques, des fonctionnaires, des compagnies de transport et des matières premières. C'est ce capitalisme sans usine, marchand et rentier, que la France a légué à ses anciennes colonies : on comprend pourquoi aucune d'entre elles, un siècle plus tard, n'est devenue un pays développé[1].

Avec la décolonisation, la France gaullo-pompidolienne des années 1960-1970 voit le triomphe du capitalisme industriel colbertiste. Mais, depuis les années 1980-1990, la désindustrialisation a ressuscité le capitalisme rentier de type colonial, qui est le modèle de notre économie actuelle. La France a ressuscité le modèle colonial, mais sur son propre sol. Citons à nouveau Pierre Vermeren : « La France vit le grand retour du modèle capitaliste qu'elle avait connu à l'époque de son empire colonial : financier, improductif, marchand, rentier. L'histoire dira si la destruction de notre capital

1. Pierre Vermeren, « Le grand bond en arrière du capitalisme français », *Le Figaro*, 8 octobre 2017.

productif a été l'ultime revanche de notre histoire coloniale[1]. »

L'économie française commence à présenter des traits qui sont pourtant censés être ceux de régions colonisées ou de pays du tiers-monde. De moins en moins capables d'assurer la transformation des produits et d'y apporter de la valeur ajoutée, nous sommes devenus déficitaires sur des produits de base que nous pourrions produire localement. Comme le souligne Jean-Michel Quatrepoint :

> La France suit une logique de pays sous-développé. Nous sommes le premier producteur mondial de pommes de terre, mais nous en sommes réduits à les exporter en Belgique ou aux Pays-Bas pour qu'elles y soient coupées en tranches et qu'elles nous reviennent sous forme de chips ! C'est la même chose avec le bois exporté en Chine ou ailleurs et qui nous revient sous forme de meubles[2].

Importer des travailleurs...

Ensuite, l'immigration perpétue notre passé colonial. Nous avons une économie coloniale – peu productive, peu qualitative, fortement quantitative. Or, notre population vieillit et nous n'avons plus d'empire colonial. Il faut donc nourrir les besoins quantitatifs de notre économie par des immigrés, nouveaux travailleurs et nouveaux consommateurs bien souvent issus d'anciennes colonies. Sans l'immigration, notre

1. *Ibid.*
2. Jean-Michel Quatrepoint, « La France suit une logique de pays sous-développé », entretien accordé au site Elucid (elucid.media) le 9 mars 2022.

modèle économique s'effondre. Mais cela ne veut pas dire qu'il faut plus d'immigrés ! Cela montre surtout que cette structure est malsaine, comme une bicyclette folle, et qu'il faut en changer. C'est ce changement radical qu'il convient d'opérer, et pour cela relocaliser, réindustrialiser, miser sur la production et la qualité. Dans une économie réindustrialisée et qualitative, l'immigration serait infiniment moins nécessaire[1].

La dépendance globale à l'étranger est l'un des traits majeurs de notre économie sur chacun des trois éléments que distinguent les sciences économiques, à savoir les personnes, les marchandises, les capitaux. En ce qui concerne les personnes, la France connaît une immigration massive, fournissant travailleurs et consommateurs. Il ne faut pas oublier les touristes : la France est le pays qui accueille le plus de touristes au monde, à raison de 90 millions par an. Pourtant cinq fois plus peuplés, les États-Unis ne se classent qu'en troisième position, avec 79 millions de visiteurs. L'Hexagone est un pays-musée où les touristes remplacent les usines ! Pour ce qui est des biens, la France achète au reste du monde bien plus qu'elle ne lui vend. Depuis 2003, la balance commerciale a tous les ans été déficitaire. En 2022, un record est battu, avec un déficit de 189,5 milliards d'euros, soit 7,5 % du PIB. En important bien plus qu'elle n'exporte, la France présente l'une des situations commerciales les plus dégradées de l'Union européenne. L'Allemagne bénéficie d'un excédent de 81,8 milliards, et l'Italie,

1. Depuis la pandémie de Covid, on constate une légère réindustrialisation, notamment dans les domaines du textile et de la production pharmaceutique, et le *made in France* fait son retour en grâce, mais la tendance est pour l'instant beaucoup trop légère pour modifier la structure de l'économie française.

longtemps déficitaire comme la France, est redevenue excédentaire. Il en va de même pour les capitaux : la dette française est détenue à hauteur de 48 % par des non-résidents. Aux États-Unis et au Royaume-Uni, ce chiffre n'est que de 30 %. Au Japon, il est de 8 %. Cette situation, outre qu'elle crée une dépendance financière très risquée sur le plan géostratégique, appauvrit le pays. Lorsque la dette d'un État est détenue par les résidents, la somme remboursée reste dans le circuit économique national. Mais lorsque la dette est détenue par des investisseurs étrangers, chaque remboursement implique une évaporation des capitaux vers l'extérieur. L'immigration s'inscrit donc dans une logique plus large, qui est le tropisme étranger de l'économie française. Hommes... marchandises... argent... : l'économie française, improductive, est devenue un trou noir qui absorbe en permanence une perfusion venue de l'étranger. Des travailleurs africains, maghrébins et asiatiques, des produits chinois et allemands, le tout financé par une dette qui s'alimente en capitaux aux quatre coins du monde : c'est bien un pays qui, jour après jour, s'appauvrit.

L'immigration coûte davantage à la France qu'elle ne lui rapporte. Mais certains secteurs sont devenus « accros » à cette main-d'œuvre bon marché. C'est le cas de la restauration. À Paris, l'écrasante majorité des cuisiniers est soit africaine, soit sri-lankaise. Dans les grandes métropoles depuis quelques années, et désormais dans des villes moyennes de province, prolifère la livraison de plats par des coursiers afghans ou africains, véritables esclaves des temps modernes.

Il en va de même dans le BTP. Sur beaucoup de chantiers, presque tous les manœuvres sont étrangers, ce qui pose de graves problèmes de sécurité du fait de la mauvaise maîtrise du français. Dans le gardiennage, 28 % des agents de sécurité sont étrangers. Même constat pour les services à la personne et le ménage. Qui passe l'aspirateur dans les grandes tours d'affaires de La Défense ou chez les bourgeois parisiens et lyonnais ? Des femmes de ménage immigrées. C'est le patronat de ces secteurs d'activité qui dicte la politique migratoire de la France. Comment l'État pourrait-il réduire l'immigration alors que ce sont des immigrés, parfois en situation irrégulière, qui nettoient les locaux de ses administrations, ses hôpitaux, les RER et les trains qu'il fait rouler ?

Le phénomène touche d'ailleurs jusqu'au sport. Les clubs de football vont faire leur marché en Afrique, et les équipes de lutte ne peuvent plus se passer des immigrés du Caucase (Arménie, Géorgie, Tchétchénie, Ingouchie, etc.). Même les prestigieux cabinets de conseil embauchent une multitude de jeunes consultants marocains, certes confortablement rémunérés, mais moins bien que leurs homologues français.

… et importer des consommateurs

Si le patronat français recherche des travailleurs à exploiter, il veut aussi et surtout de nouveaux consommateurs.

L'économie française repose davantage sur la consommation, son moteur principal, que sur la production. Sans forte natalité, il n'y a que deux moyens de faire croître la consommation : soit augmenter les salaires, soit accroître le nombre de consommateurs en recourant à l'immigration. Le patronat refuse d'augmenter les salaires, et l'État l'approuve, car une hausse des salaires nourrirait une inflation incompatible avec nos engagements monétaires européens. Face à la concurrence internationale, l'augmentation salariale ne serait supportable que si elle était accompagnée de mesures protectionnistes, là aussi interdites par l'Union européenne. Reste donc l'immigration. L'État le sait très bien.

La grande distribution, les compagnies de voyages et d'aviation pour lesquelles les vacances « au bled » des immigrés constituent une véritable manne, la téléphonie trop heureuse de vendre cartes ou forfaits qui permettent d'appeler vers le Maghreb ou l'Afrique noire, le marché du halal, les agences de transfert de fonds, le logement, les entreprises qui rénovent et entretiennent les bâtiments où se concentrent les immigrés, les loisirs, la médecine, le système de formation, les salons de coiffure afro et les épiceries exotiques, les traducteurs assermentés, les avocats spécialisés dans le droit des étrangers, on n'en finirait pas de citer tous les secteurs d'activité qui bénéficient de l'immigration, source de nouveaux clients et pourvoyeuse de rentes. Si la personne est sans travail, les aides sociales permettront encore de consommer. « Le meilleur exemple est récent. Il s'agit des mineurs non accompagnés présents sur le territoire depuis 2016. En posant un pied sur le sol français, ils génèrent immédiatement une rente versée par la collectivité de 60 000 euros (bien supérieure en cas de maladie), qui se retrouvent immédiatement dans le circuit marchand et financier[1]. »

Ces allocations ne sont pas attribuées par humanisme, mais pour intégrer au plus vite les individus à cet étrange système d'« économie sociale de marché ». C'est donc un vœu pieux de vouloir réduire l'immigration

1. Pierre Vermeren, *On a cassé la République. 150 ans d'histoire de la nation*, Tallandier, 2020, p. 239.

– comme le proposent Éric Zemmour, Marine Le Pen, Éric Ciotti ou même Emmanuel Macron – sans s'attaquer aux vices structurels d'une économie française qui consomme plus qu'elle ne produit.

Angoisse démographique

Les racines de cette situation viennent de loin. Rompant avec le primat féodal de valorisation de la terre, c'est le jurisconsulte Jean Bodin qui, au XVIe siècle, affirma le premier « qu'il n'est de richesses que d'hommes ». Si le XVIIe siècle ne connut pas de poussée démographique, le siècle suivant vit la population de la France passer de 20 à 27 ou 28 millions d'habitants[1]. Au XVIIIe siècle, la France est la « Chine de l'Europe » ; pays le plus peuplé du continent, elle est un géant démographique. Cette masse humaine aboutira à la Révolution et nourrira les armées révolutionnaires et napoléoniennes. Après cette expansion, la France a traversé un véritable hiver démographique pendant un siècle et demi, de 1800 jusqu'au début des années 1940. De là est venu le besoin de compenser par la colonisation. Déjà en 1868, Prévost-Paradol, normalien et journaliste hanté par la « déchéance » démographique,

1. Vauban, dans les dénombrements qu'il fit effectuer pour son projet d'impôt, estimait la population française du tout début du XVIIIe siècle à 20 millions d'habitants, estimation confirmée par les démographes. « Ce chiffre de 20 millions était le même au début du XVIIe, durant lequel il n'y a donc pratiquement pas eu de croissance démographique en France. Ce n'est pas le cas du siècle suivant : si au début du XVIIIe siècle, les estimations tournent autour de 20 millions d'habitants, elles atteignent 28 millions à la fin du siècle. Autrement dit, on a fait croître de plus d'un tiers la population française ; un peu comme si d'un seul coup, de nos jours, la population parisienne passait de 2 millions à 2 800 000 habitants. », Olivier Coquard, *Lumières et Révolutions. 1715-1815*, PUF, 2021, p. 14.

écrivait dans *La France nouvelle* que le pays devait augmenter le nombre de ses citoyens par la fondation d'un vaste empire colonial.

Cette faiblesse démographique fut encore aggravée par la grande saignée de la Première Guerre mondiale, avec un jeune Français sur quatre tué au combat, sans compter les classes creuses qui en résulteront, puisque ce sont autant d'enfants potentiels qui ne naîtront pas. La France a ainsi longtemps vécu dans la peur face à une Allemagne alors plus peuplée, plus jeune, plus féconde. Voilà pourquoi Michel Debré, hanté par le spectre germanique, voulait absolument conserver l'Algérie française et louait la France du futur aux « 100 millions d'habitants ». Aujourd'hui, toute cette angoisse démographique, qui justifia le projet colonial, marque notre histoire longue et notre inconscient collectif, se retrouvant dans les discours pro-immigration du type : « Nous ne sommes pas assez nombreux. Nous avons besoin des immigrés pour payer nos retraites. »

Dans ce cas, pourquoi ne pas tenter de relancer la natalité ? La politique familiale est un investissement : elle nécessite une vision à long terme, une capacité à se projeter dans le temps et à mener des actions dans la durée. Enfermée dans un court-termisme nourri par la pression médiatique, la classe politique n'est plus intellectuellement capable d'une telle vision sur le temps long. Reste la solution de facilité, aux résultats immédiats : l'immigration. Comme le souligne très justement Patrick Buisson : « Les dirigeants ont perdu le sens du bien commun[1]. »

1. Interview vidéo de Patrick Buisson, « La fin d'un monde », *Omerta*, disponible sur YouTube.

Déni de démocratie

On peut être surpris de voir la gauche s'allier avec le patronat et soutenir l'immigration. Mais n'oublions pas que c'est la gauche qui a colonisé malgré l'opposition de la droite nationaliste, hostile au projet colonial. Quand la gauche pensait compenser la perte de l'Alsace-Lorraine par la colonisation, Paul Déroulède, le leader de la droite antiparlementaire, s'exclamait : « J'ai perdu deux sœurs et vous m'offrez vingt domestiques », fustigeant une aventure coloniale qui détournait les regards de la « ligne bleue des Vosges » et de la revanche contre l'Allemagne pour reconquérir les provinces perdues.

Selon un sondage mené par l'agence Cluster17, les électeurs les plus à gauche sont statistiquement ceux qui utilisent le plus les plateformes de livraison de repas à domicile, dont les employés sont très massivement des clandestins[1]. L'alliance du patronat libéral et de la gauche humanitariste favorise aujourd'hui l'immigration comme elle favorisait hier la colonisation.

Aujourd'hui encore, c'est plutôt le monde des élites qui soutient l'immigration tandis que les classes populaires tendent à la rejeter. Il en allait déjà ainsi au XIXe siècle avec la colonisation : les élites la soutenaient, le peuple y était indifférent, voire hostile.

C'est la bourgeoisie qui profite le plus de l'immigration qui lui fournit nounous africaines ou philippines, femmes de ménage sous-payées, épiciers maghrébins ou sri-lankais ouverts tard le soir dans les grandes villes.

---

1. Dans un tweet, la journaliste Eugénie Bastié a souligné avec humour le passage « de la gauche caviar à la gauche Uber Eats ».

Les classes populaires, elles, n'ont pas accès à cette nouvelle domesticité. En revanche, ce sont elles qui subissent le plus durement la pression migratoire sur l'emploi, les salaires et le logement. De même, par définition, les immigrés sont également exclus du recours à cette main-d'œuvre bon marché. Comme le résume le géographe Christophe Guilluy : « Si Fatoumata garde les enfants de la petite-bourgeoisie, qui gardera les enfants de Fatoumata[1] ? »

Dans les années 1950 et 1960, les peuples européens se sont exprimés par les urnes pour accepter les indépendances des ex-colonies. En revanche on ne les a jamais consultés démocratiquement sur l'immigration, qui est le phénomène social le plus important qu'ils aient connu depuis la Seconde Guerre mondiale.

En France, durant les Trente Glorieuses, la politique d'immigration a été déterminée par des hauts fonctionnaires dans le secret des cabinets ministériels. Ce sont principalement des décrets, arrêtés et circulaires et non pas la loi qui ont dessiné l'avenir du pays et changé le visage de la société française. Ainsi du regroupement familial décidé en 1976 par un décret simple signé du Premier ministre, Jacques Chirac, contresigné par le ministre du Travail, Michel Durafour, tandis que le secrétaire d'État chargé des Travailleurs immigrés, Paul Dijoud, était chargé de l'exécution[2]. Il est pour le moins étonnant qu'une décision aussi cruciale quant à ses conséquences ait été prise sans le moindre débat démocratique, même si elle était une adaptation

1. Christophe Guilluy, *Le Crépuscule de la France d'en haut*, Flammarion, 2016.

2. Décret n° 76-383 relatif aux conditions d'entrée et de séjour en France des membres des familles des étrangers autorisés à résider en France, 26 avril 1976, *JO*, 1er-2 mai 1976, p. 2628.

à des obligations européennes ou internationales. Ce ne fut donc ni un sujet de débat délibéré en Conseil des ministres, ni l'objet d'un référendum, ni une loi discutée par des représentants élus.

Discours moralisateur et esprit missionnaire

L'entreprise coloniale reposait sur un discours et une idéologie partagés à la fois par la République anticléricale et l'Église catholique. Il s'agissait d'aller civiliser les « races inférieures », comme le disait Jules Ferry. Et Léon Gambetta, pourtant très opposé à l'Église, affirmait que « l'anticléricalisme n'est pas un article d'exportation », la France devant s'appuyer sur le clergé pour mener à bien la colonisation.

Cette vision a nourri un zèle qui se traduit dans les chiffres : à la fin du XIXe siècle, sur quatre missionnaires catholiques en Afrique ou en Asie, trois sont français. S'opposer à la colonisation, c'était se voir accusé d'être chauvin et rabougri, voire égoïste et sans cœur.

Cet état d'esprit a ensuite connu de nombreux avatars. Dans la foulée de la décolonisation, il a pénétré l'humanitaire. Là encore, les Français se distinguent et sont surreprésentés. Ainsi, en 1968, un jeune médecin ambitieux, et qui vient de participer au « Joli mois de mai », s'envole pour le Biafra afin de venir en aide à la population frappée par la famine et la guerre civile. Il est le premier des *French doctors*, ces très nombreux médecins français qui tiennent le haut du pavé de l'engagement humanitaire international. Leur action est noble. Nécessaire, elle rend de réels services. Mais elle n'est pas à l'abri d'un certain nombre de dérives néocoloniales – parfois même de scandales financiers – substituant de plus en plus la diplomatie et la morale à la médecine, comme le dénoncera Rony Brauman, l'un des plus éminents *French doctors*, devenu très critique de cette évolution. L'esprit missionnaire persiste aujourd'hui sous la forme du discours antiraciste et immigrationiste, comme l'illustre la masse des ONG et des associations qui viennent en aide aux migrants. Leur discours moralisateur et les sentiments généreux affichés inhibent toute critique de l'immigration, comme hier était inhibée toute critique de la colonisation. L'immigration poursuit ainsi la colonisation, les associations pro-immigration et antiracistes s'inscrivant sans le savoir dans la continuité de l'action des Pères blancs et autres congrégations religieuses.

Notre politique étrangère reflète aussi notre inconscient colonial. Le « droit d'ingérence » et les opérations militaires menées par certains pays occidentaux en Irak ou en Libye expriment une vision typiquement coloniale. Les partisans de l'ingérence n'arrivent pas à concevoir que les colonisés de jadis puissent vivre leur propre vie de manière tout à fait indépendante, pour le meilleur comme pour le pire. Comme l'écrit Renaud Girard, « le droit d'ingérence, c'est le retour de la pulsion coloniale par la fenêtre[1] ».

Rompre avec le néocolonialisme migratoire

Finalement, d'une certaine façon, ce sont les militants indigénistes et décoloniaux qui ont raison. Nous vivons bien toujours dans un système colonial, et il est urgent de décoloniser nos imaginaires et nos pratiques.

1. Renaud Girard, « Quelle politique étrangère pour la France ? », entretien accordé à la revue *Conflits*, mis en ligne le 14 juillet 2022.

Mais ils se trompent sur deux points essentiels. D'une part, ils soutiennent la poursuite de l'immigration. Or, l'immigration est la suite de la colonisation et reproduit le mode de fonctionnement colonial. D'autre part, ils exigent en permanence que l'Occident fasse pénitence et se repente de son passé colonial. Mais en agissant ainsi, ils font de la colonisation l'alpha et l'oméga de l'histoire contemporaine, et leur occidentalo-centrisme perpétue pleinement l'imaginaire colonial qu'ils prétendent combattre.

Il est urgent de sortir du tropisme colonial et donc migratoire puisque c'est la même chose. Pour cela, il faut instaurer une vraie préférence nationale dans le domaine de l'emploi et du logement. La préférence nationale n'a rien de raciste. Beaucoup de pays non occidentaux, de la Turquie au Japon, y ont recours. Elle est nationale et non pas ethnique. Elle vise à favoriser les Français, sans distinction d'origine, de couleur de peau ou de religion. Dans ce système, un Français nommé Boubacar a autant de droits qu'un Français nommé Matthieu, ni plus ni moins. Et ces deux Français égaux ont beaucoup plus de droits, y compris en matière d'emploi, qu'un immigré. La préférence nationale, voilà le vrai moyen de gommer une vision ethnique de la France pour lui préférer une vision authentiquement nationale et citoyenne.

Pour y arriver, il faudra surmonter un obstacle de taille : le choc de la déculturation provoqué par l'immigration. Car l'immigration perpétue, et de manière considérablement amplifiée, l'action de déracinement qui se trouvait déjà présente dans la colonisation.

2
Décivilisation

L'*abaya* et le joint

Un soir d'été, je dîne en famille et avec un couple d'amis, avocats, à la terrasse d'un restaurant donnant directement sur la promenade Granvelle, l'un des endroits les plus emblématiques du centre-ville historique de Besançon.

Trois jeunes filles s'assoient sur un banc, à quelques mètres de nous. Malgré la température caniculaire, deux d'entre elles portent une *abaya* noire et sont étroitement voilées. On ne voit que l'ovale de leur visage. La troisième, au contraire, a les cheveux au vent. Très maquillée, elle a opté pour un pantalon taille basse et un *crop top* qui laisse voir un piercing au nombril.

Avec ce trio sont donc représentés deux genres vestimentaires opposés, l'*abaya* et le *crop top*, tenues qui ont en commun de poser quelques problèmes à l'Éducation nationale. En voyant cet attelage baroque, je me souviens, amusé, de Jean-Michel Blanquer, alors à la tête du ministère, qui souhaitait interdire ces deux tenues dans nos établissements scolaires et qui avait demandé aux élèves de porter une « tenue républicaine ». Fallait-il entendre par cette étrange formule le port du bonnet phrygien en classe ?

La jeune fille au *crop top* allume un joint. Après quelques bouffées, elle passe la cigarette de cannabis à ses deux amies voilées[1].

L'odeur caractéristique est assez vite remarquée par les clients du restaurant et attire l'attention sur le groupe. Mais personne ne leur dit rien, et elles, avec l'insouciance de la jeunesse, ne semblent pas voir qu'elles ont été remarquées. Puis l'une sort son téléphone, et les trois amies enchaînent les *selfies*, prenant des poses aguicheuses inspirées des influenceuses américaines.

La contradiction entre le rigorisme de l'*abaya*, la consommation de drogue, pourtant interdite par l'islam, et le caractère « sexy » des poses prises est manifeste. Elle illustre le déchirement mental que créent le déracinement migratoire et les injonctions contradictoires auxquelles sont soumis les enfants d'immigrés.

Demande d'identité

Ces jeunes filles font le choix de porter le voile en entendant ainsi retrouver leurs racines familiales. Mais ce qu'elles ignorent, ou ce dont elles font fi, c'est que leurs grands-mères n'auraient jamais porté un tel vêtement, très éloigné des us et coutumes du « bled » maghrébin. En effet, le type d'*abaya*[2] portée est une pure invention

1. Le chancelier et garde des Sceaux Nicolas Perrenot de Granvelle (1486-1550), qui administrait la Franche-Comté pour le compte de Charles Quint, serait bien surpris, sortant de son tombeau, de voir cette étrange scène sur la place qui porte son nom et où il fit construire son palais.

2. L'*abaya* est une robe longue, ample et couvrante, que l'on trouve dans les pays arabes, aussi bien au Maghreb que dans les pays du Moyen-Orient et du Golfe. Mais l'*abaya* traditionnelle du Maghreb, souvent très colorée, ne ressemble pas du tout à l'*abaya* saoudienne, souvent sombre et de coupe différente, promue par le salafisme international.

saoudienne. Arborer cette tenue, c'est croire ou faire croire que l'on renoue avec les traditions de ses ancêtres, alors que, en réalité, c'est épouser un islam reconstruit, mondialisé et standardisé, de conception récente, exporté par les pétromonarchies du Golfe, et qui se substitue aux formes locales et traditionnelles de l'islam.

Ensuite, porter ce genre de vêtements, en France, c'est manifester publiquement sa volonté de ne pas s'assimiler à la société française tout en formulant une demande d'identité, de filiation et de sacré : trois éléments qui font aujourd'hui cruellement défaut à la société française.

C'est une réaction à l'atomisation hyperindividualiste de sociétés occidentales sans mémoire ni cadres collectifs. Selon le sociologue et historien Jean-Pierre Le Goff, l'individualisme des sociétés occidentales contemporaines affaiblit non seulement le lien social, « mais aussi l'insertion dans une culture commune, le sentiment d'appartenance à une collectivité historique, en d'autres termes au pays, à son histoire et à ses institutions [...] Faute de ces conditions et de ce fond commun, l'appartenance collective se dissout, verse dans l'anomie et des formes plus ou moins larvées de conflits ethniques et communautaires[1] ».

Dans un Occident frappé par la disparition de tous les idéaux et par un processus systématique de désaffiliation, la radicalité ethnique ou religieuse apparaît comme l'une des dernières sources de sens pour remplir un « espace laissé à l'abandon par les instances religieuses et politiques traditionnelles[2] ».

Nous sommes ainsi confrontés à un morcellement qui rend criante la crise des grands récits fédérateurs et

1. Jean-Pierre Le Goff, *Malaise dans la démocratie*, Stock, 2016, p. 238.

2. *Ibid.*

des structures d'encadrement collectif. Pour reprendre Emmanuel Todd, nous assistons à la « dissolution des croyances collectives dans toutes leurs manifestations : déclin des idéologies, des religions, de la conscience de classe, de l'État, du sentiment national [...] toutes les croyances qui assurent la définition et la cohésion de groupes capables d'agir collectivement semblent en voie de disparition dans un univers social et mental qui ne laisserait plus subsister que l'individu[1] ».

Introuvable sacré

Pour affirmer leur rupture, pour provoquer et choquer la société française, les porteuses de l'*abaya* appuient là où ça fait mal : la religion.

L'homme est le seul animal qui sait qu'il va mourir. Un besoin viscéral de sacré est donc inscrit en lui[2]. Les peintures de Lascaux datant de 18 000 av. J.-C. avaient déjà un caractère sacré. Celui-ci peut être aussi bien religieux que laïc[3] : le mausolée de Lénine, sur la place Rouge, ou la crypte du Mont-Valérien, où sont enterrés quinze soldats et résistants tués durant la guerre de 1939-1945, constituent de bons exemples de sacré laïc. Mais l'Occident, exposé au désenchantement du monde, souffre aujourd'hui d'un déficit de sacré, qu'il soit religieux ou civil.

La République a su constituer son propre sacré grâce au patriotisme. Au départ, le pseudo-sacré de la

1. Emmanuel Todd, *L'Illusion économique. Essai sur la stagnation des sociétés développées*, Gallimard, 1998.

2. Voir Frédéric Lenoir, *L'Odyssée du sacré*, Albin Michel, 2023.

3. Sonia Mabrouk, *Reconquérir le sacré*, Éditions de l'Observatoire, 2023. La journaliste livre ici de précieuses clés de compréhension de la spiritualité.

Révolution française est risible, tout en toc et en carton-pâte. C'est le fameux mot à La Fayette de Talleyrand, encore évêque, qui doit célébrer la fête de la Fédération le 14 juillet 1790 : « Surtout, ne me faites pas rire. » Mais, à partir de 1792, la guerre éclate et la Révolution va trouver sa mystique dans la défense du territoire national, patriotisme chauvin et messianisme universaliste s'articulant dans une même dialectique. Cela durera deux siècles. Mais en abandonnant aujourd'hui le patriotisme, la République ne peut que retomber dans le kitsch mièvre de la fête de la Fédération : ce sera le discours creux et niais sur les « valeurs de la République », que l'on entend à longueur de journée, mais qui ne fait pas vibrer les âmes.

Le port de cet uniforme islamiste, qui plus est d'origine étrangère, constitue ainsi un défi lancé à la face d'une France déchristianisée, qui ne sait plus quoi faire du fait religieux et qui a tourné le dos au sacré, aussi bien religieux que laïc. C'est une façon de signifier à la France et à l'Occident qu'on les méprise d'avoir oublié leur identité religieuse et que l'islam se refuse à emprunter le même chemin. S'affirme une volonté d'aller chercher du sacré ailleurs. Comme le souligne Patrick Buisson, « l'islam n'est que le miroir de nos insuffisances spirituelles. Il nous renvoie à l'image de notre propre déclin religieux. C'est cela qui nous est insupportable[1] ».

Le sens du sacré, le catholicisme, l'attachement aux traditions pouvaient inspirer du respect aux musulmans. On ne saurait mieux le dire que Chateaubriand : « Les infidèles proposèrent à saint Louis dans les fers la couronne d'Égypte, parce qu'il était resté, disent

1. Patrick Buisson, interview accordée à Apolline de Malherbe sur BFM TV, mai 2021.

les historiens arabes, le plus fier chrétien qu'on eût jamais vu[1]. » De même, à la fin des années 1990, une délégation non officielle de talibans vint à Paris, avec l'accord des services secrets français. Ces talibans voulurent assister à une messe à Notre-Dame et furent très impressionnés, notamment par l'architecture et par le spectacle d'une femme en pleine prière. Ils eurent un grand respect pour la France après cette scène[2]. Inversement, l'effondrement spirituel de l'Occident ne peut qu'inspirer le mépris.

Par le trouble qu'ils suscitent, l'*abaya* et le voile dévoilent notre crise du sacré en nous situant dans une étrangeté absolue. Dans des sociétés où la transgression est devenue très difficile à force de se banaliser, le retour au religieux reste l'une des dernières transgressions possibles, une transgression maximale. Dans les réactions d'incompréhension qu'il provoque, l'affichage ostentatoire de l'islam est le miroir brisé du désenchantement de l'Europe.

La société française ne propose plus ni histoire ni filiation ; l'islam, lui, se rattache à mille cinq cents ans d'histoire. La mort des grands récits isole l'individu occidental ; l'islam, lui, le réinsère dans un ensemble de plus d'un milliard de croyants : l'oumma. L'Europe perd le sentiment de la transcendance ; l'islam, lui, réinscrit le nom de Dieu dans le quotidien, jusque dans le vêtement.

Le message est clair : c'est un rejet d'une société qui n'est plus que de consommation. « Par mon vêtement, je vous dis qu'il y a quelque chose de plus important

---

1. François-René de Chateaubriand, *Mémoires d'outre-tombe*, troisième partie, livre I. Chateaubriand fait ici référence à la captivité en Égypte du roi de France, saint Louis, durant la septième croisade.
2. Jean-Christophe Notin, *Les Guerriers de l'ombre*, Tallandier, 2017.

que le marché, que ma bonne intégration au marché de l'emploi, ou que la mode et les marques : ma religion, qui l'emporte sur tout ça. Et en m'habillant ainsi en plein été, je dis bien haut que ce qui est sacré pour moi est plus important que le confort tant valorisé par votre société. »

Amour-haine

Là où les choses deviennent plus complexes, c'est que ces jeunes filles qui rejettent la société de consommation n'y sont pas extérieures, mais ont été façonnées par elle. Elles en gardent nombre de stigmates, comme l'indiquent leurs baskets de marque ou leurs *selfies*. Elles restent, sans même s'en apercevoir, des enfants de la publicité et du marché, jusque dans leur façon de rejeter le consumérisme !

Certains clients du restaurant ont été surpris de voir ces « pieuses » musulmanes s'adonner au plaisir de la consommation de stupéfiants, prohibée par l'islam. La contradiction entre leur rigorisme affiché et leur comportement n'est qu'apparente. En effet, bien loin d'incarner un islam sûr de lui, ces jeunes filles sont le produit d'une hybridation confuse entre un islamisme mondialisé et standardisé, une culture française elle-même en crise, des réflexes maghrébins transmis par leur éducation familiale, et une sous-culture américanisée qui a conquis le monde. Elles sont tout autant les disciples de MTV que de Mahomet. Bien plus qu'à une civilisation quelconque, fût-elle islamique, on a plutôt affaire-là à un vrai fouillis, un gigantesque gloubi-boulga.

L'expression « Sur le Coran de La Mecque », abondamment employée par de nombreux jeunes issus de l'immigration maghrébine, est révélatrice. D'un strict point de vue islamique, cette expression n'a aucun sens théologique, ne s'inscrit dans aucune tradition, et pourrait même être considérée comme blasphématoire. Pourtant, elle traduit le besoin obsédant de se raccrocher à une identité arabo-musulmane, mal connue, mais fantasmée et revendiquée. Les prédicateurs islamistes savent très bien jouer de ce désarroi identitaire[1]. Lorsqu'on observe les cités, aujourd'hui très massivement habitées par les immigrés et leurs enfants, on est frappé par ce curieux mélange des contraires. Le rejet du matérialisme cohabite avec une idolâtrie de la consommation : culte des marques, éloge de l'argent facile par le gangsta rap, fascination pour les grosses voitures, pratique compulsive des paris sportifs, etc.

Le jeune qui se tourne vers le rigorisme musulman garde des comportements individualistes et consuméristes. Comme tout bon consommateur, il fait valoir son droit à la différence et ses revendications communautaires. On en arrive donc à une situation paradoxale, véritable pain bénit pour les islamistes : des jeunes déboussolés qui invoquent leur droit à la différence pour défendre une idéologie, l'islamisme, profondément hostile à toute différence ; des adolescents qui rejettent un modèle occidental tout en restant attirés et fascinés par lui ; des gamins écœurés par la consommation de masse et le matérialisme se réfugiant pourtant dans les interprétations les plus conservatrices et les plus dogmatiques de la religion afin de donner du sens à leur vie, mais fiers d'avoir le dernier smartphone ou une paire de chaussures de marque sous leur

1. Pour une analyse plus poussée, on se référera à l'ouvrage de l'anthropologue Anne-Clémentine Larroque, *Le Trou identitaire*, PUF, 2021.

qami[1] ou leur *abaya* ; des lycéennes dégoûtées par le « Il est interdit d'interdire » qui brandissent le même slogan pour porter un *hijab* dans leur salle de cours. Celles qui veulent porter leur voile en classe sont en réalité des consommatrices qui « consomment » de la religion et entendent aller à l'école comme elles vont au fast-food[2]. Le cocktail est explosif.

Cette dialectique haine-amour, entre fascination et répulsion, a été parfaitement résumée par le professeur de littérature et psychanalyste Henri Rey-Flaud :

> Cette situation crée dans leur esprit des sentiments contradictoires qu'ils ne parviennent pas à dominer, parce que les termes de la contradiction se situent dans deux strates psychiques différentes, coupées l'une de l'autre comme une bûche fendue par un coup de hache, celle de leur personnalité arabe affichée (et assurément enracinée en eux) et celle où gît leur attrait dénié pour l'Occident. En conséquence de quoi, ils sont pris dans ce discord comme des oiseaux dans la glu[3].

Pour certaines adolescentes nées en France de parents immigrés, l'écart entre le conservatisme qui règne dans leur famille et l'ambiance de la France de 2024 constitue un choc psychologique. Abayas et voiles permettent ainsi de dissimuler ses formes, d'exprimer son trouble face à une sexualité naissante et de manifester son rejet d'une société française où, désormais, la nudité est exhibée de manière omniprésente par les

1. Le *qami* est un vêtement masculin long, associé au monde islamique.
2. Par référence au slogan de la chaîne McDonald's : « Venez comme vous êtes. »
3. Henri Rey-Flaud, *La France s'éteint, l'Islam s'embrase… Réflexions sur un malaise*, PUF, 2020, p. 191.

réseaux sociaux, les médias, les clips, la publicité et le marché. En proposant le voile comme réponse à ce malaise, l'idéologie islamiste puritaine s'engouffre dans cette brèche et affirme sa visibilité dans l'espace public.

Toutefois, là où les choses se compliquent à nouveau, c'est que ce rejet de l'hypersexualisation ambiante se combine souvent à une fascination pour elle. Il suffit de se promener dans une cité, où la surabondance de hijabs voisine avec celle des crop top, ou de regarder des clips de gangsta rap, dans lesquels la nudité des femmes ne correspond pas exactement aux canons de la pudeur islamique. L'exemple le plus criant de cette contradiction, liée à la déculturation, est celui de la chanteuse Wejdene et de son producteur. Née dans le 93, de parents tunisiens, Wejdene a connu un succès, aussi important qu'éphémère, entre 2020 et 2022. Dans ses clips, elle s'affichait, avec un mauvais goût très sûr, au milieu des objets de luxe et des signes extérieurs de richesse, dans des tenues fort peu couvrantes. Encore mineure à l'époque, elle interprétait des textes très sexualisés, qui confinaient à l'éloge de la prostitution : « si t'as d'la moula, je suis ta go[1] » (« si tu as de l'argent, je serai ta petite amie »). Pourtant, son producteur, un homme se faisant appeler Feneu, n'hésite pas à publier des photos de lui à La Mecque en adressant le message suivant à ses abonnés : « Cette vie là est éphémère. Pendant combien de temps tu vas être hypnotisé par l'argent. À être dans l'alcool, dans les paris sportifs. Perdre du temps sur TikTok. À vendre de la drogue. À regarder les femmes, à faire des actes... regrettables. »

1. Wejdene, *Ta go*, single de 2021.

Le choc des incultures

Toutefois, il serait injuste de croire que nos concitoyens musulmans sont les seuls à être déculturés. Le processus de déculturation est un phénomène global qui touche toute l'Europe. Quand les autorités françaises acceptent que la devise de la candidature de Paris pour les Jeux olympiques de 2024 soit en anglais – *Made for sharing* – et que les peluches-mascottes vendues pour ces mêmes JO soient fabriquées en Chine, elles ne sont pas moins déculturées que les filles qui mélangent *abaya*, rap, *selfies* et cannabis. De même lorsque la classe politique s'américanise au point d'organiser des primaires destinées à sélectionner un candidat pour l'élection présidentielle, pratique encore plus consternante quand elle est reprise par la droite au mépris d'un gaullisme dont elle se prétend pourtant héritière. Qui, des jeunes femmes de Granvelle ou des politiques de droite, est le plus déculturé ?

Alors que les émeutes de l'été 2023 battaient leur plein et que politiques et journalistes glosaient sur la faillite de l'assimilation, on apprenait dans l'indifférence quasi générale que trente-neuf menhirs de Carnac, vieux de sept mille ans, avaient été détruits quelques jours plus tôt afin de permettre la construction d'un magasin de bricolage[1]. À l'automne 2023, la mairie de Nantes prône une approche « multiculturelle » et non confessionnelle des fêtes de Noël. Le péril qui nous

---

1. Datant de 5000 av. J.-C., les dolmens sont l'œuvre d'une civilisation antérieure aux Gaulois et dont nous ne savons à peu près rien. Mais ce mystérieux legs de pierre a été pleinement intégré à la civilisation européenne, comme le montre Pierre Chaunu dans *L'Obscure Mémoire de la France. De la première pierre à l'an mille*, Perrin, 1988.

menace ne vient pas de l'extérieur musulman : il est en nous.

On voit mal comment un pays qui accepte la destruction de sa culture pourrait assimiler ou répondre à la quête identitaire de qui que ce soit. Le tableau n'est donc guère brillant : l'Europe se déchristianise et s'américanise. Elle oublie son histoire, perd ses traditions, tourne le dos à toute sacralité. De son côté, l'islam traditionnel et populaire, par exemple celui des villages maghrébins, s'efface. Pour l'instant, il ne peut donc pas y avoir une guerre de civilisation entre la France et l'islam, puisqu'il n'y a plus ni une civilisation française ni une civilisation islamique suffisamment sûres d'elles-mêmes.

Ne nous réjouissons pas pour autant. En l'absence d'un choc des civilisations, on assiste au choc des décivilisations, où des individus perdus et déculturés, qui ne savent plus véritablement ni qui ils sont ni où ils sont, se heurtent les uns aux autres. C'est le sens des attentats de Mohammed Merah : quelques jours avant de commettre ses crimes, le futur terroriste buvait de l'alcool en boîte de nuit. Son passage à l'acte doit plus aux pétrodollars saoudiens modernes, qui ont permis de diffuser le wahhabisme, et au film *Terminator* qu'aux califats omeyyade ou abbasside. À l'image du personnage qu'interprétait Arnold Schwarzenegger, Merah filmait ses meurtres en direct avec une caméra embarquée. La caméra dans l'œil du tueur… le djihad doit beaucoup à Hollywood. On aurait donc tort de voir dans les attentats islamistes une nouvelle page d'un affrontement millénaire s'inscrivant à la suite de la bataille de Poitiers et des croisades. Ils sont le produit d'une déculturation générale, qui est l'horizon angoissant de notre temps.

Le choc des deux civilisations n'aura donc pas lieu, chacune ayant déclaré forfait.

Ce que l'immigration fait aux immigrés

C'est donc toute la société française qui est touchée par le processus de décivilisation. Mais pour les personnes issues de l'immigration, le risque est encore plus prononcé, puisque l'immigration est, par définition, un déracinement. On peut parler, ici, d'un déracinement au carré : des déracinés vivant dans une France elle-même déculturée, incapable de répondre à leur désarroi identitaire.

Le concept qui éclaire le mieux la situation des immigrés est celui d'« effet jogging[1] » forgé par Régis Debray. Selon l'auteur, chaque nouveau pas sur le chemin de la modernité est compensé par le retour d'un archaïsme. Par exemple, quand l'automobile est apparue, on a cru que la marche allait disparaître. Mais l'indéniable recul de la marche a été contrebalancé par la pratique de la course à pied. Il y a à peine un siècle, on ne courait presque jamais. Le « pas de gymnastique » était réservé aux soldats et à quelques rares excentriques. C'est l'avancée dans la modernité qui a réhabilité cette pratique préhistorique qu'est la course. Le cadre sup moderne adepte du *running* renoue sans le savoir avec le geste de ses ancêtres chasseurs-cueilleurs et des athlètes gréco-romains, mais qui avait globalement disparu depuis la fin de l'Antiquité.

Pour Régis Debray, l'effet jogging joue à plein dans l'islamisme. Confrontés à la modernité, certains

1. Régis Debray, *Un mythe contemporain : le dialogue des civilisations*, CNRS Éditions, 2007.

musulmans vont opter pour un retour radical à ce qu'ils croient être l'islam des origines. On assiste ainsi au mariage de la carpe moderniste et du lapin archaïque, comme dans le cas des jeunes filles en *abaya* qui conjuguent smartphones et imitation du mode de vie des bédouins du VIIe siècle. En marchant un soir dans le 18e arrondissement de Paris, j'ai d'ailleurs croisé un salafiste en djellabah, avec une barbe hirsute, qui fonçait sur une trottinette électrique tout en écoutant des versets du Coran psalmodiés sur son enceinte portable. Ce salafiste en trottinette est l'incarnation parfaite du concept d'effet jogging.

Il est donc totalement illusoire de penser que la modernité va permettre une bonne intégration des minorités, puisque c'est au contraire la modernité qui génère le fantasme d'un retour aux origines archaïques. L'islamisme est ainsi un pur produit de la modernité. Il manie parfaitement l'outil numérique. De même qu'il existe des influenceurs spécialisés dans la mode, les produits de beauté, le sport ou la diététique, il existe, y compris en France, une masse d'influenceurs islamistes sur les réseaux sociaux. C'est l'« imam Google », qui fait des ravages. Dans les pays musulmans, les principaux meneurs de ce courant idéologique sont souvent passés par les facultés de sciences ou de médecine. Il en va de même pour le nationalisme hindou, qui rencontre un grand succès chez les informaticiens et les ingénieurs indiens.

L'effet jogging est particulièrement fort dans les zones frontalières, les camps de réfugiés, chez les migrants ou parmi les populations en situation d'exode rural, du fait de leur déracinement. C'est ainsi que l'on peut expliquer le déclenchement de la guerre civile en Syrie. Dans les années 2000, plusieurs grandes vagues de sécheresse touchèrent le pays. Nombreux furent alors les jeunes campagnards sunnites à quitter leur campagne pour aller s'entasser dans les bidonvilles urbains. Là, ils échappèrent totalement à l'islam traditionnel et rural qu'ils connaissaient dans leurs villages et furent la proie du discours salafiste. Confrontés à un déracinement difficile et à une modernité angoissante, ils trouvèrent un réconfort dans cette idéologie moderniste prétendant renouer avec les origines de l'islam. Ce sont ces jeunes qui fournirent à la rébellion islamiste le gros de ses troupes. Or l'immigration vers l'Europe produit un effet psychoculturel de même type.

En arrachant individus et familles à leurs cadres sociaux et culturels d'origine, le processus migratoire génère automatiquement une forte déculturation, avec un risque maximal d'effet jogging radical. L'immigration rend psychologiquement disponible pour le fantasme d'un retour aux sources.

On mesure donc l'ampleur du contresens lorsque le député LFI (La France insoumise) David Guiraud déclare : « Il n'y a pas de problème avec les musulmans en France, car l'énorme majorité d'entre eux vient du Maghreb et est donc malékite. Or, le malékisme prône la soumission aux lois du pays dans lequel on vit[1]. » Certes, c'est bien ce que prône le malékisme, école juridique sunnite dominante au Maghreb et en Afrique. Mais la modernité détache nombre de croyants du malékisme, ou des autres écoles classiques, pour les entraîner vers des courants islamistes. C'est vrai au Maghreb, et c'est encore plus vrai en France, où la perte de repères due à la migration renforce le phénomène.

Malgré des positions opposées, David Guiraud et Éric Zemmour commettent la même erreur d'analyse : ils

1. David Guiraud, déclaration dans l'émission *L'Heure des pros* sur CNews, septembre 2021.

occultent le pouvoir transformateur du fait migratoire, qui déstabilise psychologiquement et culturellement les immigrés et leurs enfants. David Guiraud croit que les immigrés resteront éternellement fidèles au malékisme de leurs ancêtres alors que ce courant, déjà contesté au Maghreb par les islamistes, s'affaiblit par la déculturation liée à l'immigration. Éric Zemmour, lui aussi, ne distingue pas les musulmans de France de ceux du Maghreb ou d'Afrique, les regroupant dans un même ensemble civilisationnel. Il ignore que, dans les établissements scolaires où les enfants d'immigrés sont majoritaires, les élèves qui arrivent directement du Maghreb ou d'Afrique sont souvent moqués. Dans beaucoup d'écoles, on entend des enfants, Français d'origine marocaine ou algérienne, crier leur haine de la France, siffler *La Marseillaise*, revendiquer crânement leurs origines et harceler des élèves étrangers arrivés directement du Maroc ou d'Algérie en les traitant de « blédards ». Le racisme n'est pas forcément là où on l'attend.

Symétriquement, les enfants d'immigrés nés en France seraient souvent incapables de vivre dans le pays d'origine de leur famille. Beaucoup de Franco-Maghrébins ne savent pas lire l'arabe. Quand certains partent en vacances dans le village ou la ville de leurs parents, ils en reviennent souvent déçus, affectés par la dureté des conditions matérielles, le manque de liberté individuelle, et la propension de leurs cousins « du bled » à leur demander argent et cadeaux sous prétexte qu'ils viennent de France. À l'époque où le service militaire était encore obligatoire, certains jeunes « Beurs » purent échapper à la conscription française en rejoignant le contingent algérien. Ils revinrent brisés de l'expérience.

Les enfants d'immigrés maghrébins et africains n'ont pas très bonne presse au Maghreb ou en Afrique, tant le fossé culturel est grand et les habitudes différentes.

Comme l'écrit Pierre Vermeren : « Beaucoup de jeunes des banlieues issus de l'immigration revendiquent leur appartenance à leur patrie d'origine ; là-bas, les mêmes sont vus comme des profiteurs, des voyous, et les élites n'ont pas de mots assez durs à leur encontre[1]. »

No man's land anthropologique

Le problème identitaire de certains enfants d'immigrés tient au fait de ne se sentir appartenir culturellement ni à la société française ni à celle du pays d'origine de leurs parents, malgré ce qu'ils prétendent. Le problème tient plus à une absence de toute culture qu'à une fidélité à la culture d'origine, souvent fort mal connue. Ce « no man's land anthropologique[2] » est un terreau propice à la formation d'une contre-culture agressive et victimaire.

Ce sentiment d'une double altérité, d'un « ni l'un ni l'autre », a parfaitement été décrit par Renaud, dès 1983, dans sa chanson « Deuxième génération » :

> J'm'appelle Slimane et j'ai quinze ans
> J'vis chez mes vieux à La Courneuve
> [...]
> Des fois, j'me dis qu'à deux mille bornes
> De ma cité y a un pays
> Que j'connaîtrai sûr'ment jamais
> Que p't-être, c'est mieux, p't-être c'est tant pis
> Qu'là-bas aussi, j's'rais étranger
> Qu'là-bas non plus, je s'rais personne[3].

---

1. Pierre Vermeren, « Ces émeutes sont un revival fantasmatique d'une mini-guerre d'Algérie », *Le Point*, 5 juillet 2023.

2. Emmanuel Todd, *Le Destin des immigrés. Assimilation et ségrégation dans les démocraties occidentales*, Gallimard, 1994.

3. Renaud, album *Morgane de toi*, 1983.

Le décalage entre les valeurs familiales et celles promues par l'école et la société crée du mal-être. Un Maghrébin qui grandit au Maghreb n'expérimente pas ce décalage, puisque les valeurs de sa famille et celles de la société sont à l'unisson. Il en va de même pour quelqu'un qui grandit en France avec des parents français. Mais grandir en France dans une famille maghrébine ou africaine, c'est s'exposer au risque d'une dysphorie entre ce qui est entendu à la maison et ce qui est vu à l'école, dans les médias ou dans la rue. L'immigration est une gigantesque machine à créer du malheur identitaire et psychique.

Les défenseurs de l'immigration de masse et les partisans du néo-antiracisme n'accordent aucune attention au mal-être psychologique et culturel spécifique aux immigrés et à leurs enfants. Pas plus qu'ils n'accordent la moindre importance aux risques que ce mal-être fait courir à la société dans son ensemble. On peut citer pêle-mêle, et la liste n'est pas close : fréquence des troubles psychiatriques, surdélinquance, émeutes, communautarisme, antisémitisme, radicalisme religieux, terrorisme.

Le double standard

L'assimilation est également ralentie par les contradictions de la société française, qui s'enferre sur bon nombre de sujets dans un « deux poids, deux mesures ».

Prenons l'exemple des caricatures de Mahomet. Elles sont très pénibles à supporter pour une écrasante majorité de musulmans, y compris par ceux qui ne sont nullement islamistes. Non seulement ces dessins violent l'interdit de la représentation du Prophète, mais en plus ils le font dans un sens souvent obscène et injurieux. Face à la colère suscitée, les autorités françaises invoquent la liberté d'expression. En théorie, ce discours peut être entendu par les musulmans, même si cela est difficile pour eux. Mais lorsque survient la guerre en Ukraine, la France et l'Union européenne ferment les médias russes RT et Spoutnik. La liberté d'expression – non négociable et si précieuse quand il s'agissait de caricaturer le Prophète – est aussitôt jetée aux orties.

De même, certains joueurs de football issus de l'immigration, sans tenir le moindre propos homophobe, refusent de porter un maillot arc-en-ciel pour protester contre l'homophobie dans le monde. Ils sont aussitôt blâmés par la ministre des Sports : pourtant ils ne font là qu'user de leur liberté d'expression. Autoriser les caricatures au nom de la liberté ; interdire certains médias au nom de nos intérêts ; comment vouloir l'un et l'autre ?

Il en va de même en géopolitique. Par exemple, les crimes de guerre de notre adversaire russe sont conspués, tandis que ceux de notre allié saoudien au Yémen sont passés sous silence. Ce discours à géométrie variable nous condamne.

Face à de telles contradictions, la France est perçue comme hypocrite, et les « valeurs de la République » comme frelatées. La liberté d'expression n'est plus que le prétexte pour exprimer la haine de l'islam et insulter les musulmans. Quant au droit international, c'est seulement la raison du plus fort parée de beaux discours. De même que ce double langage nous discrédite aux yeux du monde non occidental, il nous déconsidère auprès des populations immigrées qui vivent sur notre sol.

L'angélisme, obstacle certain à l'assimilation

L'un des traits les plus frappants de notre époque est son irénisme et son angélisme, dans une logique du « Tout le monde il est beau, tout le monde il est gentil[1] », évacuant la conflictualité et la violence, vantant la tolérance. La bienveillance !

Cette vision, qui relève d'un rousseauisme mal rebouilli, concerne tout particulièrement les enfants, les délinquants et les immigrés. Pour les enfants, l'éducation positive refuse de voir la part de mal qui peut se trouver en chacun et écarte au maximum le recours à la punition. Pour le délinquant, on déconsidère la sanction au profit d'une approche psychologisante et sociologisante. On multipliera ainsi les « stages de citoyenneté » et les rappels à la loi. Voire – et c'est sans doute l'exemple le plus caricatural de cette logique – les fameux stages de déradicalisation des djihadistes, qui furent un échec complet. Pour les immigrés, on tend à plaquer sur eux l'imaginaire du « bon sauvage », si puissant au XVIIIe siècle, qui voyait dans les peuples premiers des êtres purs et innocents, non corrompus par la société.

Ainsi, lorsqu'un mineur issu de l'immigration commet des actes violents, il bénéficiera souvent d'un triple laxisme. Cette situation a été bien décrite par le pédopsychiatre Maurice Berger, qui travaille depuis plusieurs décennies avec des mineurs violents, dont beaucoup sont issus de l'immigration. Il souligne combien le recours systématique à des peines de prison courtes et immédiatement appliquées a fait ses preuves, par exemple

1. *Tout le monde il est beau, tout le monde il est gentil*, film de Jean Yanne, sorti en 1972.

en Hollande, et dénonce les ravages causés par le refus de l'enfermement[1]. Ils sont doubles. D'une part, cette approche laxiste, aujourd'hui dominante, est tout à fait inefficace pour briser la spirale de la violence, si bien qu'on aura d'autres agressions et d'autres victimes. Ce qui n'est pas rendre service à la société. D'autre part, faute de rompre le cercle de la violence, viendra le jour où le délinquant commettra un délit, un crime qui l'enverra enfin en prison pour de longues années, ou viendra le jour où il sera tué par un délinquant rival, ce qui aurait pu être évité avec davantage de fermeté en amont. Ce qui n'est pas lui rendre service.

Beaucoup d'enseignants peuvent aussi témoigner des effets désastreux de cette approche. Un élève violent convoqué par un conseiller principal d'éducation ou une assistante sociale s'entend dire sur un ton doucereux : « Qu'est-ce qui ne va pas ? Parle-moi de tes problèmes... » Et l'élève de hurler : « C'est toi, mon problème ! » Cette réponse est révélatrice. L'angélisme crée du mal-être et de la frustration, ce traitement de la violence débouchant sur plus de violence.

Cet angélisme est devenu un réel obstacle à l'assimilation. Loin d'être perçu comme de la bienveillance, il est vu comme une faiblesse, inspirant le mépris. Nietzsche l'avait bien dit pourtant : « La faiblesse attise la haine. »

Que peuvent les abstraites « valeurs citoyennes » et l'angélisme face à la fascination de la violence, de la force, qu'exercent Daech[2] ou les gangs de dealers et les clips de gangsta-rap ? Si au moins la France faisait

---

1. Maurice Berger, *Sur la violence gratuite en France. Adolescents hyper-violents, témoignages et analyse*, L'Artilleur, 2019.

2. À ce sujet, on lira Gabriel Martinez-Gros, *Fascination du djihad. Fureurs islamistes et défaite de la paix*, PUF, 2016.

preuve de force et d'autorité, en exaltant son passé glorieux, celui de la bataille de Bouvines qui a fait naître la nation, celui de la Grande Guerre ou de la Résistance qui ont sauvé la démocratie, elle pourrait faire face à cette concurrence. Mais si elle ne propose rien d'autre qu'une rhétorique angélique contre-productive, la partie est perdue d'avance.

La réaction aux attentats qui ont frappé la France en novembre 2015 fut révélatrice. On vit des jeunes gens porter des ceintures ornées de cœurs autour de la taille – en réponse aux ceintures d'explosifs des djihadistes –, des pancartes avec les slogans « Vous êtes tous super ! » et « Vous n'aurez pas ma haine ». La perspective du tragique, le sens de l'histoire, l'idée même qu'on puisse les haïr, tout cela semblait incompréhensible à bon nombre de ces manifestants, qui voulaient simplement continuer à boire un verre en terrasse, vivre agréablement, faire la fête. Or, c'est justement ce type de comportement qui nourrit la haine, attirant, par réaction, vers le djihad d'autres jeunes, qui, eux, sont prêts à mourir pour leur cause et jouissent d'un énorme avantage psychologique, car, comme le soulignait Sénèque : « Qui méprise sa vie est maître de la vôtre[1]. »

Plus généralement, cette sensibilité pacifique et lénifiante décourage l'assimilation à une société française perçue comme veule, lâche, incapable de se défendre et de se faire respecter. Pour reprendre la formule de l'essayiste franco-marocain Driss Ghali : « Personne n'a envie de s'assimiler à des faibles ou à des fous[2]. »

1. Sénèque, *Lettres à Lucilius*.

2. Driss Ghali, *Français, ouvrez les yeux ! Une radiographie de la France par un immigré*, L'Artilleur, 2023.

Injonctions contradictoires

Le malaise est encore accru par toute une série d'injonctions contradictoires auxquelles sont soumis les Français d'origine immigrée.

La loi française voit en eux des Français à part entière, et la société exerce sur eux, de manière tacite, une pression assimilatrice. Mais il existe également tout un discours diffus qui valorise les origines étrangères et le droit à la différence. On en arrive à des situations ubuesques. Par exemple, Fabien Roussel, le secrétaire national du PCF, a affirmé qu'Éric Zemmour « voulait renvoyer les Français musulmans chez eux[1] ». Cette maladresse de langage a provoqué peu de réactions. Elle est pourtant révélatrice des ambiguïtés de la situation. En voulant fustiger Zemmour, Roussel a lui-même, involontairement, pratiqué un « déni de francité » envers ceux dont il parlait. S'ils sont Français, que signifie alors « chez eux » ? Mais si « chez eux », c'est la France, pourquoi dire « chez eux » pour désigner un pays étranger et, surtout, exalter en permanence la fierté des origines et le droit à la différence ?

De leur côté, les dirigeants marocains, algériens, tunisiens, turcs ou africains considèrent ces Français non pas comme tels, mais comme leurs ressortissants, tout en ne les voulant pas chez eux. Le roi du Maroc Hassan II affirmait même en 1993 que « les Marocains ne seront jamais de bons Français ». De même, ces pays – Algérie, Maroc, Turquie – consentent des efforts budgétaires massifs pour tenter de contrôler l'islam de France.

---

1. Fabien Roussel, interviewé par Sonia Mabrouk sur Europe 1, 21 février 2022.

Une illustration spectaculaire de cette ambiguïté a été fournie par la mort de Nahel, en juin 2023, un adolescent qui est né et a grandi dans les Hauts-de-Seine. Profitant de l'occasion, le président de l'Algérie, Abdelmadjid Tebboune, a souligné que la France se devait de mieux « protéger les ressortissants algériens ». Pourtant, la police algérienne, sur le sol algérien, est bien plus brutale que son homologue dans l'Hexagone. Et l'on sait que les gouvernements marocain et algérien recommandent régulièrement en sous-main au gouvernement français de faire preuve de plus de fermeté dans la gestion des cités[1].

En parallèle, imams et prédicateurs islamistes voient dans les enfants d'immigrés avant tout des musulmans.

Ces injonctions contradictoires aggravent le malaise et conduisent les intéressés à se bricoler une identité bancale. Certains, dans une contradiction totale, brandissent le drapeau du pays de leurs parents, affirment leur différence, exaltent leurs origines... pour mieux se plaindre de ne pas être vus comme des Français à part entière. La responsabilité en incombe aux gouvernements successifs, à l'école, aux médias, qui n'ont pas su être clairs et dire qu'être Français implique des comportements, des valeurs, un mode de vie, une culture, bref, qu'entre faire valoir son droit à la différence et être reconnu comme français, il faut choisir.

La France se retrouve ainsi piégée. Si elle tient compte des origines des enfants d'immigrés, on dira qu'elle bascule dans le communautarisme et pratique le « déni de francité ». Si elle n'en tient pas compte, on l'accuse de bafouer le droit à la différence et d'être aveugle aux réalités.

---

1. Je tiens cette information de plusieurs fonctionnaires français des ministères de l'Intérieur et des Affaires étrangères.

La seule échappatoire à ce piège était le modèle français de l'assimilation républicaine. Il s'agissait d'effacer les radicalités ethniques et religieuses par la fierté commune d'appartenir à une même nation. Mais comment des nations occidentales pourraient-elles assimiler alors que, oublieuses de leur histoire, elles sont déculturées et traversent une grave crise identitaire ? Comment revenir à soi quand on ne croit plus en soi ?

3

L'assimilation en question : remettre les choses à l'endroit

S'assimiler, oui, mais à quoi ?

En compagnie de Guillaume Bigot, politologue, j'ai eu la chance de recevoir, le 5 mai 2022, dans l'émission « Infos du monde », sur CNews, Jean-Pierre Chevènement, un homme politique pour lequel j'ai une profonde admiration. Après l'avoir interviewé à propos de la guerre russo-ukrainienne, j'ai osé lui demander en privé les raisons de son ralliement à la candidature d'Emmanuel Macron pour l'élection présidentielle de 2022[1] :

— Mais enfin, vos parents qui étaient instituteurs au Russey, petit village du Haut-Doubs que je connais bien, auraient-ils accepté qu'un Président puisse déclarer qu'il n'existe pas de culture française ?

— Non. Et l'idée même d'une inexistence de la culture française aurait été pour eux inimaginable.

L'assimilation des immigrés aurait été infiniment plus facile dans la France des parents de Jean-Pierre Chevènement. Malheureusement, cette France-là n'est plus.

---

1. Si je comprenais bien que le soutien apporté par le président de la République à l'industrie comtoise, et tout particulièrement belfortaine, conduise J.-P. Chevènement à lui apporter son soutien, il était plus difficile d'admettre que la question culturelle passe par pertes et profits.

Après un demi-siècle de déconstruction tous azimuts, notre pays ne donne peut-être plus envie que l'on s'y assimile. Nombreux sont, en effet, les signes qui évoquent une perte des repères moraux : abandon des personnes âgées, bien illustré par le scandale des Ehpad, dissolution des solidarités, crise de l'autorité et de la transmission, perte du sens du bien commun.

Un parfum de décadence

En arrivant en France, les immigrés sont confrontés à un double choc : celui d'un changement de culture, mais également celui du passage de leur société d'origine, qui reste encore holiste et conservatrice à bien des égards, à une société hyperindividualiste, atomisée. S'assimiler à la France gaullienne des années 1960, à la fois moderne et attachée à ses traditions, était possible, mais les transformations sociales induites par Mai 68[1] et la diffusion du « gauchisme culturel » ont singulièrement compliqué les choses.

La réflexion vaut plus largement pour l'Europe. Un exemple récent en a été donné par la Belgique. Dans un pays pourtant encore traumatisé par les scandales de pédophilie des années 1990, un projet de loi sur l'éducation sexuelle prévoyait, dans sa version initiale, d'enseigner

1. Même si, comme le dit Patrick Buisson, « oui, c'était mieux avant », et même si Mai 68 a eu des effets délétères sur la société, il ne s'agit pas d'idéaliser la société du début des années 1960, dont le caractère trop cadenassé ne pouvait que provoquer l'explosion soixante-huitarde. Trop d'éditorialistes conservateurs actuels n'ont pas perçu l'angoisse civilisationnelle portée par Mai 68, angoisse que les Présidents de Gaulle et Pompidou, eux, avaient très bien saisie. Pour une analyse fine de cette question, on lira avec profit Jean-Pierre Le Goff : *Mai 68, l'héritage impossible*, La Découverte, 2006, et *La France d'hier*, Stock, 2018.

dès l'âge de neuf ans que « les partages de sextos et de *nudes* peuvent être excitants et source de plaisir ». Écrit en écriture inclusive, dans une novlangue *woke* et verbeuse, le guide se voulait « non hétéro-normatif » et utilisait le pronom « iel.s ». Ce projet a déclenché une vague de colère, aux avant-postes de laquelle se tenaient les musulmans de Belgique. On a ainsi vu des femmes voilées brandir une pancarte avec ce slogan de bon sens : « Pas de sexualité avant la puberté ».

Face à une société occidentale perçue comme moralement décadente, certaines personnes immigrées développent donc un complexe de supériorité s'articulant parfois avec un complexe d'infériorité socio-économique. De ce double complexe naissent communautarisme et séparatisme. Ils atteignent très vite leurs limites, mais rassurent psychologiquement ceux qui s'y enferment. La bataille de l'assimilation et de la mixité, pour être gagnée, exige une France enfin décidée à déconstruire la déconstruction. Un pays fier, optimiste, capable de retisser la toile de la transmission.

Chérir les causes, maudire les effets

On peut être quelque peu surpris de l'inconséquence des classes dirigeantes françaises, qui ont accepté l'immigration de masse, mais simultanément abandonné et démantelé toutes les politiques d'assimilation, et plus largement détruit tous les leviers susceptibles de la favoriser. Il aurait peut-être été possible d'assimiler la masse des immigrés sans douleur, ou du moins plus aisément, si leur arrivée n'avait pas coïncidé avec un effondrement du niveau scolaire et une atonie de l'économie.

Après la suppression du service militaire, en 1995, l'école demeurait le dernier grand moyen d'assimilation.

Mais la chute catastrophique du niveau empêche dorénavant l'institution scolaire de jouer son rôle. Professeur de philosophie, je mesure régulièrement l'étendue des dégâts. Quand on demande à une classe de terminale scientifique, avec des élèves au demeurant sympathiques et loin d'être bêtes, d'expliquer avec des mots simples le mécanisme physique à l'origine du vent, moins du tiers de la classe est en mesure de répondre. Quant à savoir pourquoi le savon enlève les taches, cela relève plus de la magie que de la connaissance de ce processus chimique élémentaire. Et un seul pouvait donner la date d'extinction des dinosaures... car il l'avait entendue dans un documentaire. Ces élèves suivent pourtant entre quinze et vingt heures par semaine d'enseignements scientifiques.

On pourra se consoler en se disant qu'au pays de Victor Hugo et de Jules Michelet, ces élèves « scientifiques » compensent leurs lacunes par une vaste culture littéraire et historique. Il n'en est rien. Une seule d'entre eux put me donner la date d'avènement d'Hugues Capet, et personne ne connaissait l'épisode de Clovis et du vase de Soissons, cette ville ne se trouvant pourtant qu'à quelques dizaines de kilomètres du lycée.

L'école est devenue incapable de transmettre une maîtrise élémentaire de l'histoire, de la géographie, de la littérature, et même de la langue française. Comment pourrait-elle dans ces conditions jouer un quelconque rôle assimilateur ?

Depuis trente ans, on fait entrer la société dans l'école. Et on s'étonne de voir des élèves se présenter en tenue islamique, alors que c'en est la conséquence logique. Aujourd'hui, l'islam est la religion d'une partie du corps social. Or, cet islam est travaillé en profondeur par des militants islamistes. Si l'islamisme est dans la société, et si la société entre dans l'école, alors l'islamisme y entre aussi. Face à cet état de fait, deux options se présentent. Soit on considère que l'école est un sanctuaire, que l'enfant devient véritablement quelqu'un d'autre quand il pénètre dans l'établissement scolaire, et que les influences de sa famille et de sa religion, mais aussi celles du marché, des marques et des médias, doivent être mises de côté durant le temps scolaire. On verra alors dans l'enfant et dans l'élève deux êtres distincts. Et c'est à cette condition qu'il sera légitime et cohérent de défendre la laïcité à l'école. Soit on considère que l'école doit être pénétrée en profondeur par les forces qui traversent la société. Mais dans ce cas on n'aura pas le droit d'en déplorer les conséquences. Ainsi, si on cite des programmes de téléréalité dans les manuels scolaires – c'est le cas aujourd'hui –, on n'aura pas le droit de regretter la baisse du niveau. Si on fait entrer les parents dans la « communauté éducative[1] », il sera malvenu que l'on s'étonne du fait que 48 % des violences, insultes et menaces commises contre les enseignants viennent de ces mêmes parents. Si on n'enseigne plus le roman national dans les cours d'histoire, on devra accepter que les élèves ne soient plus fiers d'être français et se tournent vers d'autres affiliations. Si on invite les enseignants à se mettre au même niveau que l'élève, on ne doit pas être surpris de voir l'autorité du professeur constamment remise en question, car c'est justement la distance qui crée le respect. Et si on met tout cela bout à bout, on ne doit pas trouver anormal de voir des élèves en *abaya* ou en *qami* qui confondent l'école avec une célèbre chaîne de

1. Article L. 111-4 du Code de l'éducation : « Les parents d'élèves sont membres de la communauté éducative. Les formulaires administratifs qui leur sont destinés permettent de choisir entre les termes père, mère ou représentant légal et tiennent ainsi compte de la diversité des situations familiales. »

restauration rapide dont le slogan est « Venez comme vous êtes ». En venant comme ils sont, ils ne font que prolonger dans ses ultimes conséquences la logique qui régit l'école depuis plus de trente ans.

La direction prise par l'économie française ne favorise pas non plus l'assimilation. Les difficultés sociales et économiques du pays, le chômage de masse touchant encore plus fortement les enfants d'immigrés et l'absence de croissance compliquent les choses. La désindustrialisation a entraîné une fermeture massive des usines alors qu'elles étaient un lieu de mixité entre classes populaires autochtones et immigrées, donc d'homogénéisation du corps social. Elle a également fait de l'ouvrier au chômage une figure repoussoir, là où il faisait au contraire office de figure de référence lorsqu'il travaillait à l'usine. Une économie « tertiarisée » voit son potentiel assimilateur se réduire en comparaison d'une économie industrialisée, bien plus fortement intégratrice, nous y reviendrons.

Qu'avez-vous fait de la République ?

On évoque en permanence les fameuses « valeurs de la République ». Mais ceux qui l'ont en charge ne cessent de la démanteler, elle et ses valeurs. Ainsi, depuis 1989 et l'arrêt Nicolo du Conseil d'État, on affirme la supériorité du droit européen sur le droit français. Mais a-t-on mesuré à quel point ce principe est contraire à toutes les idées régulatrices de la République ? S'il existe un droit supérieur à celui de la République, que reste-t-il d'elle ? A-t-on aussi perçu que la France était le seul pays de l'Union européenne à être laïc par principe constitutionnel ? Sur le plan européen, notre position est minoritaire. A-t-on noté que des instances européennes, notamment le Conseil de l'Europe, avaient régulièrement fait la promotion du *hijab*[1] ? Entre l'idolâtrie européiste et les « valeurs de la République », il faudra choisir.

Il serait également très hasardeux de miser sur la culture. Certes, dans tous les pays, elle est un formidable moyen d'assimilation. Et c'est encore plus vrai en France, pays qui lui a toujours donné une grande place, portant au pinacle les arts et les lettres. Mais elle est aujourd'hui dénigrée par ceux qui sont censés en être les défenseurs. N'a-t-on pas entendu le président Emmanuel Macron déclarer « il n'y a pas de culture française » et souhaiter « déconstruire l'histoire de France », alors que, par sa fonction, il devrait être le défenseur et le porte-étendard de cette culture et de cette histoire[2] ? Personne ne veut s'assimiler ni à une culture décrétée inexistante, ni à une histoire déconstruite et méprisée, ni à un pays dont le Président n'assume pas le passé.

---

1. Les exemples abondent. Par exemple, à l'automne 2021, une campagne organisée par le Conseil de l'Europe (en Europe) présente une affiche sur laquelle on voit une jeune fille souriante. Par un montage, la moitié gauche de son visage arbore un voile tandis que la moitié droite est dévoilée. Le texte (en anglais) affirme : « La beauté est dans la diversité, comme la liberté est dans le *hijab*. Comme le monde serait ennuyeux sans diversité ! Célébrez la diversité et respectez le *hijab*. » En août 2022, le ministère français de l'Intérieur a fait part de son agacement face au soutien renouvelé de la Commission européenne à l'association Femyso, proche des Frères musulmans. La Commission avait notamment versé plus de 210 000 euros de subvention à l'association et relayé une de ses vidéos dans laquelle des jeunes filles voilées apparaissaient dès les premières secondes. Plus généralement, le lobbying des Frères musulmans auprès des instances européennes est un phénomène bien documenté.

2. Sur ce sujet, comme sur bien d'autres, le président est dans une contradiction permanente puisqu'il met en avant nos savoir-faire nationaux à chaque visite d'État. En 2019, Emmanuel Macron a également lu la lettre du jeune résistant franc-comtois Henri Fertet, fusillé à l'âge de 16 ans par les nazis. Dans sa lecture, le président a omis le passage où il est question de « la France éternelle ».

Invoquer la laïcité comme rempart contre le communautarisme ne servira à rien non plus. On ne peut combattre un système de croyances que par un autre. Sans imaginaire et sans émotions, une idée ne peut être motrice. Prise isolément, la laïcité est une position neutre ; elle ne donne pas de sens à la vie et n'offre pas de transcendance. Dénuée de pouvoir mobilisateur, elle ne saurait suffire à fédérer un groupe et ne trouve sa force que lorsqu'elle s'inscrit dans un grand récit historique. En France, il a fallu l'exaltation permanente du drapeau et la diffusion du roman national pour que la IIIe République se construise progressivement un modèle laïc qui trouva son ancrage dans le traumatisme de la Première Guerre mondiale. L'anticléricalisme a été en grande partie enseveli dans la boue des tranchées, et c'est le sang des soldats de 1914-1918 qui a servi de ciment à une loi de séparation des Églises et de l'État, celle du 9 décembre 1905, enfin acceptée. De même, la laïcité soviétique était indissociable de l'espérance communiste. Lorsque cette espérance s'éteignit, l'orthodoxie fit son grand retour. Et on ne peut comprendre la politique laïque de Mustafa Kemal Atatürk sans prendre en compte la construction du nationalisme turc.

Laïcité et valeurs de la République n'ont de sens qu'inscrites dans une histoire et appuyées par une mystique patriotique.

Longtemps, la République a offert du sacré aux citoyens, sous une forme laïque, mais mobilisatrice : monuments aux morts, cérémonies de recueillement, culte du drapeau, galeries de héros de l'histoire de France – de Clovis à de Gaulle, en passant par Jeanne d'Arc, Danton, Victor Hugo et Pasteur –, sans oublier les martyrs, à l'image de Jean Moulin, de Marc Bloch et de bien d'autres.

Tout cela a été jeté aux orties. L'État se vide de son sacré et de son autorité pour devenir un grand dispensateur de droits et d'allocations. Aux États-Unis, le communautarisme est compensé par une religion patriotique fédératrice, ce qui n'est plus le cas chez nous. La France semble désertée par le peuple qui l'a bâtie. Si la République n'offre plus ni sacré, ni grand récit, ni identité, ni fierté, alors l'individu-consommateur, ex-citoyen, livré à lui-même, trouvera son sacré ailleurs, dans les délires du *New Age* et des sectes, dans un néoprotestantisme évangélique en pleine expansion, ou dans l'islam radical.

Ce que le discours antiraciste fait aux immigrés

Le droit à la différence des populations issues de l'immigration et la récusation du schéma assimilationniste sont les fruits d'un néo-antiracisme apparu à partir du début des années 1980. Pourtant, le paradoxe saute aux yeux : prétendre éteindre le racisme tout en exacerbant les identités referme les portes de la prison identitaire. Renvoyer les gens à leur couleur de peau rend impossible l'oubli des origines, et c'est sous couvert d'antiracisme que revient la notion de race. « Le néo-antiracisme ne pouvait – et ne peut – qu'attiser le feu identitaire[1] », pour reprendre une formule de Paul Yonnet. Dans ce cadre intellectuel, la liberté des immigrés et de leurs enfants se trouve réduite puisque chacun est essentialisé et renvoyé en permanence à ses origines, à sa couleur de peau ou à sa religion, qui deviennent un moyen de se définir indépendamment des qualités et des goûts personnels. Toute volonté de prendre ses distances avec les origines, la famille ou la « communauté » est

1. Paul Yonnet, *Voyage au centre du malaise français*, *op. cit.*, p. 349.

dès lors suspecte. Le néo-antiracisme décourage toute envie d'assimilation et légitime l'idée qu'affirmer son indépendance individuelle serait une forme de trahison, renforçant ainsi les mécanismes d'enfermement communautaire. Les portes de la prison identitaire sont aussi celles de la prison communautaire. L'idée d'une nation solidaire et égalitaire où chacun dépasserait ses origines est congédiée. Appartenant pour toujours à une ethnie, une religion ou une « communauté », l'individu ne s'appartient plus ; il a perdu sa liberté. La célébration des « communautés », avec l'onction des politiques et des médias, a fait le lit du communautarisme.

Diégo et ses suites

L'omniprésence de ce discours depuis quarante ans a fortement nui aux immigrés et à leur intégration. En propageant l'image d'une France intrinsèquement raciste, il a poussé à voir partout et de manière obsessionnelle de la xénophobie. Il a diffusé chez certains enfants d'immigrés l'idée, fausse, selon laquelle ils ne pourraient jamais être pleinement français. Dès lors, les difficultés ou échecs rencontrés sont forcément dus au racisme des sociétés occidentales. L'élève en difficulté se laisse aller : à quoi bon travailler puisque « de toute façon, les profs sont des racistes ». Nombreux sont les enseignants qui se heurtent à ce discours. « Tout est ainsi réuni pour que l'école et la culture française soient décrétées discriminantes et disqualifiées[1] », note Pierre Vermeren.

Si, en toute bonne foi, certains s'imaginent à tort être discriminés, d'autres, afin de tirer parti de l'inhibition

1. Pierre Vermeren, *On a cassé la République, op. cit.*, p. 241.

engendrée par l'accusation de racisme, peuvent volontairement lancer des accusations calomnieuses, à l'exemple d'une scène rapportée par un collègue, professeur de collège. À la fin d'un cours, un élève d'origine maghrébine asperge un enseignant de gaz lacrymogène avant de descendre tranquillement en récréation. Amené par les surveillants dans le bureau du principal, où l'attend la police, son premier réflexe est de crier au racisme. Cette suspicion permanente de racisme intoxique le corps social et sape la cohésion nationale.

Le récit fondateur du néo-antiracisme français est l'histoire de Diégo, ce que le sociologue Paul Yonnet a nommé la « légende de Diégo ». Non que la véracité de l'événement soit remise en cause, mais afin de souligner qu'il joue le rôle d'un véritable mythe de fondation, d'un « mythe des origines », pour reprendre une expression chère aux ethnologues et aux historiens des religions. Dans ce récit, un groupe d'amis attend un camarade, Diégo, jeune franco-sénégalais. Lorsqu'il arrive, Diégo est chamboulé : dans le métro, une femme a crié qu'on venait de lui voler son portefeuille. Il a alors eu le sentiment que tous les regards se tournaient vers lui, le seul Noir du métro. Paniqué, il pense que les voyageurs vont le battre. Finalement, la femme retrouve son portefeuille. Quand Diégo raconte sa mésaventure, ses amis, écœurés, mais pas surpris, décident de créer un mouvement antiraciste.

Répété à satiété dans les médias par les fondateurs de SOS Racisme, ce récit, doté d'une grande puissance séductrice et narrative, a permis de « mobiliser autour d'un roman des origines qui – en quelques mots – alimente richement et de façon précise une attente sociale[1] ». Dans ce récit soi-disant antiraciste pointe le

1. Paul Yonnet, *op. cit.*, p. 119.

racisme antiblanc, Diégo étant « agacé devant ces faces blanches luisantes de certitude[1] ». Remplaçons juste « faces blanches » par « faces noires » et nous aurons là un discours raciste tout à fait banal. L'antiracisme se donne le droit d'être raciste envers les Blancs.

Manifestement, Diégo et ses amis ont le sentiment qu'il vient juste d'échapper à un lynchage. L'imaginaire du racisme du sud des États-Unis surdétermine le récit. Pourtant, si l'on s'en tient froidement aux faits rapportés, on constate qu'il ne s'est rien passé : aucun mot ni aucun geste annonciateur d'une quelconque violence. Rien d'autre que des regards, regards que Diégo a interprétés d'une certaine façon. « Moins il se passe quelque chose dans le wagon du métro, et plus il s'en passe dans la tête de Diégo – donc, dans le récit[2] », conclut l'auteur.

Il nous faut maintenant reprendre le fil de l'histoire, le remonter afin de comprendre comment ces transformations ont pu se produire.

1. *Ibid.*
2. *Ibid.*, p. 123.

4

Genèse du néo-antiracisme

« Radi, c'est mon pote ! »

J'enseigne dans la France périphérique en classes de terminales générales, mais aussi en classes de terminales technologiques, où la très large majorité des élèves vient d'un milieu modeste. L'un d'entre eux soutenait ardemment Marine Le Pen, se sentait proche des Gilets jaunes, appréciait les blagues racistes, et se disait très content qu'il n'y ait aucun Noir dans son village. Ce qui ne l'empêchait cependant pas de très bien s'entendre avec les élèves asiatiques, noirs et maghrébins. Il était même particulièrement ami avec un élève prénommé Radi[1], dont le père était français et la mère marocaine. Un jour, soulignant les origines de son camarade, il s'écria : « Radi, c'est mon pote ! » Un pote, un vrai. Ce cri du cœur lancé par un jeune électeur de Marine Le Pen était autrement sincère que le slogan « Touche pas à mon pote » des années 1980 lancé par SOS Racisme.

1. Radi est un prénom arabe assez rare. Il est l'équivalent masculin du prénom féminin Radia, beaucoup plus répandu.

Histoire d'une manipulation

En 1979 se produit à Vaulx-en-Velin, dans le département du Rhône, la première émeute de banlieue. Elle implique principalement des enfants d'immigrés maghrébins. Deux ans après, c'est l'« été chaud » des Minguettes avec les « rodéos de la colère ».

De ce même quartier des Minguettes, situé en banlieue lyonnaise, part en 1983 la Marche pour l'égalité et contre le racisme, très vite dénommée la « Marche des Beurs », « Beur » signifiant « Arabe » en verlan. Encadrés par deux prêtres catholiques, Christian Delorme et René Pelletier, accompagnés d'un pasteur protestant, Jean Costil, un groupe de jeunes Maghrébins, de condition modeste et peu politisés, traversent la France pendant deux mois et sont finalement reçus par le président François Mitterrand.

Leurs revendications ne sont nullement communautaristes. Au contraire, les « marcheurs » expriment une demande d'égalité et d'assimilation. Ils veulent être des Français comme les autres, et non pas des citoyens de seconde zone. Fait notable, l'islam est complètement absent de leurs discours, de leurs références et revendications. Parmi eux, un seul revendique la foi musulmane comme source de son engagement, ce qui lui vaut d'être qualifié d'« ovni » par ses camarades. Vingt ans plus tard, la banlieue lyonnaise est devenue l'un des points chauds de l'islamisme radical, à l'image de l'imam de Vénissieux, ce qui en dit long sur l'évolution des choses.

La récupération de la Marche des Beurs

Les esprits sont frappés par la marche. La figure du « Beur » va gagner en importance dans le paysage. Au moment même où les « marcheurs » sont reçus par François Mitterrand sort le film *Tchao pantin*, chef-d'œuvre du septième art, où un pompiste alcoolique – Coluche – se lie d'amitié avec un petit dealer maghrébin incarné par Richard Anconina. Un an plus tard, l'œuvre recevra cinq Césars.

Mais, malgré son succès, cette marche ne débouche pas sur la constitution d'un mouvement cohérent et organisé. Les « Beurs » souffrent de plusieurs handicaps. Inexpérimentés, ils ne maîtrisent pas les « ficelles » de la politique et ne savent pas comment structurer un appareil. Pour bâtir un narratif, il faudrait connaître les recettes de la communication, alors qu'ils refusent discours idéologiques, récits enjolivés et approche victimaire pour se concentrer sur la description prosaïque de leurs difficultés. C'est leur honneur moral, mais aussi leur tort tactique.

Finalement, en 1984, le mouvement SOS Racisme, proche du Parti socialiste (PS), va récupérer la cause antiraciste, profitant de l'engouement médiatique créé par l'événement tout en évinçant les « marcheurs », dont aucune figure ne sera incorporée à la direction de la nouvelle association.

C'est tout le sens de la légende de Diégo, évoquée plus tôt. À l'incapacité des « marcheurs » à construire un récit séduisant répond la communication parfaitement rodée de SOS Racisme. Aux difficultés réelles, mais un peu déprimantes, des Beurs, se substitue un épisode largement fantasmé par Diégo et ses amis, mais très vendeur. Des Maghrébins sans diplômes, qui ne sont inscrits dans aucun parti et n'entrent dans une aucune case de l'échiquier politique, sont éclipsés par l'histoire d'un étudiant noir sympa qui fréquente des militants socialistes. La figure petite-bourgeoise, à la fois bohème et rassurante de l'étudiant, éclipse des banlieusards trop liés au prolétariat industriel.

> Il faut que l'anecdote ne ravive pas des craintes immédiates, un réel trop réel. Il faut donc que la narration se prémunisse contre une remontée fantasmatique d'images associées à toute évocation d'une présence maghrébine en France, présumée pas si pacifique que cela : voitures brûlées des Minguettes, délinquance des banlieues, intégrisme musulman militant... Le héros ne doit donc pas être un Arabe. Mieux même, le prénom Diégo évoque une indétermination exotique de salsa porto sud-américaine [...] Je dirai donc, curieux paradoxe, que l'ampleur de l'identification est à la mesure d'une anecdote, devenue la légende de Diégo, subtilement anti-maghrébine et intégrant inconsciemment des paramètres de prévention ethnique[1].

La légende de Diégo, c'est la dépossession symbolique des « marcheurs ».

Comment un néo-antiracisme qui prive les Beurs de leur parole aurait-il pu être autre chose que condescendant ?

1. Paul Yonnet, *op. cit.*, p. 123.

De Trotski à Mitterrand

Pour comprendre la genèse de SOS Racisme, il convient de faire un petit détour par l'histoire du trotskisme français.

En 1921, Lénine meurt. S'ensuit une guerre de succession entre Trotski et Staline. Alors que Trotski est un internationaliste convaincu qui veut exporter la révolution, Staline est un nationaliste russe qui défend l'idée du « socialisme dans un seul pays », l'URSS. En France, le très puissant PCF sera d'obédience stalinienne. Les trotskistes devront vivre en marge. Suivant la plaisanterie qui veut que « trois trotskistes, c'est deux tendances et une scission », ils se divisent en trois courants principaux : Lutte ouvrière, les pablistes, les lambertistes.

Bien connue du grand public grâce aux candidatures d'Arlette Laguiller, puis de son quasi-sosie Nathalie Arthaud, à l'élection présidentielle, Lutte ouvrière (LO) est un groupe quasi autiste, obsédé par une seule chose : sa propre perpétuation à l'identique, comme l'illustre son immobilisme idéologique, le démarchage à la sortie des lycées, la fête de Lutte ouvrière chaque année lors du week-end de la Pentecôte depuis 1971, ou encore la sempiternelle formule « Travailleurs, travailleuses », répétée au début de chaque allocution. Rarissimes sont les anciens membres de LO à s'être recyclés dans d'autres organisations ou activités. Au contraire, la LCR (Ligue communiste révolutionnaire) pabliste, fondée par Alain Krivine – aujourd'hui le NPA (Nouveau Parti anticapitaliste) –, et son ennemi juré, l'OCI (Organisation communiste internationaliste) lambertiste, vont être de véritables pépinières, formant de nombreux talents appelés à jouer un grand rôle dans la vie publique après avoir quitté leur parti. Pour les lambertistes, citons notamment l'ancien Premier ministre Lionel Jospin, l'ancien premier secrétaire du PS Jean-Christophe Cambadélis, l'historien Benjamin Stora, l'ancien chef du syndicat FO (Force ouvrière) Marc Blondel, Jean-Luc Mélenchon. Pour les pablistes : Julien Dray, Harlem Désir, le reporter de guerre Didier François, les sénateurs David Assouline et Henri Weber, l'actuelle vice-présidente du Sénat Laurence Rossignol, Edwy Plenel, l'islamologue Gilles Kepel, les sondeurs et politologues Stéphane Rozès et Jérôme Sainte-Marie, le syndicaliste Gérard Filoche, le journaliste Michel Field, le cinéaste Romain Goupil. Comme l'écrit le politologue Gaël Brustier :

> La fin de la LCR et son remplacement par le NPA a [*sic*] a été une tragédie pour la vie politique. [...] La LCR joua un rôle d'école de formation, inculquant une culture politique encyclopédique et un goût pour la théorie politique alliée à une solide capacité à construire sa réflexion. Longtemps, *Rouge*, son journal, fut lu bien au-delà de ses rangs ou même de son cercle de sympathisants. La qualité de ses articles et les analyses qui s'y déployaient séduisaient, intriguaient et intéressaient. La Ligue fut donc un vivier, une école de formation, une rampe de lancement dans la vie politique pour nombre de militants de gauche[1].

À la Ligue, on apprend à coller des affiches, à faire « débrayer un amphi » dans une fac, à prendre le contrôle d'une AG (assemblée générale), à monter un

1. Gaël Brustier, « La fin de la LCR et son remplacement par le NPA a [*sic*] été une tragédie pour la vie politique », texte paru le 7 juin 2022 sur le site Slate.

service d'ordre, à lancer des slogans et des mots d'ordre percutants. Voilà qui sera très utile quand trois de ses anciens membres – Julien Dray, Harlem Désir, Didier François – lanceront SOS Racisme.

Le jeune Julien Dray a été pendant plusieurs années une figure de proue de la LCR. Très investi dans le syndicalisme étudiant, il est l'un des créateurs de l'Unef (Union national des étudiants de France). En 1981, il quitte la Ligue et rejoint le Parti socialiste, qui vient de s'emparer du pouvoir. Mais les principaux responsables du Parti, à commencer par Lionel Jospin, ne font pas bon accueil à ce transfuge, pourtant brillant. Julien Dray, alias Juju, décide alors de lancer un mouvement associatif, à la fois indépendant du Parti socialiste et lié à lui, avec l'idée que cela lui donnera suffisamment de surface pour qu'on soit obligé de compter avec lui, et donc de s'imposer au sein du Parti. Bon observateur de la société, Julien Dray a du flair. Il comprend que les questions liées au racisme, à l'immigration, aux banlieues occupent de plus en plus de place. Ce sera le lancement de SOS Racisme, en 1984.

Le mode opératoire de Julien Dray reste ici typiquement trotskiste. Le trotskisme français a toujours eu comme stratégie de s'emparer de causes apparemment sans rapport avec son combat pour s'en servir comme d'un paravent et faire avancer son agenda. Ainsi, dès la création de Force ouvrière, en 1947, les lambertistes ont infiltré le syndicat. Ils ont également pénétré en profondeur la vieille association anticléricale La Libre Pensée. De même, en 2007, le candidat trotskiste Gérard Schivardi se présentera à l'élection présidentielle comme le « candidat des maires », voulant défendre les services publics et les petites communes contre l'intercommunalité. Et l'ancien pabliste Julien Dray a déjà l'expérience d'une telle manœuvre au sein de l'Unef. Avec l'antiracisme, il va récidiver.

Bien sûr, les hiérarques du PS ne voient pas d'un bon œil cette initiative. Mais Julien Dray, formé donc à la rude école du trotskisme, possède deux qualités qui le rendent redoutable : d'une part, c'est un formidable organisateur, attentif aux détails concrets ; d'autre part, c'est un excellent communicant, avec un véritable génie publicitaire. Le nom « SOS Racisme », la petite main jaune – évocatrice de l'étoile jaune imposée aux Juifs par les nazis –, le recours massif aux médias, le slogan « Touche pas à mon pote », les concerts géants de soutien avec la mobilisation du monde du show-business, tout cela va rendre SOS Racisme incontournable, politiquement et médiatiquement.

Pour contourner l'état-major du PS, SOS Racisme bénéficiera du soutien du président François Mitterrand, qui appuie de tout son poids la démarche, voyant tout le profit à tirer de la situation : créer une structure parallèle à celle du PS, dissimuler son échec et ses reniements sur les questions économiques en remobilisant la gauche autour d'une question « sociétale », empêcher toute alliance entre la droite et le FN (Front national). SOS Racisme est donc né des ambitions de Julien Dray et d'une manipulation du pouvoir mitterrandien, le tout dans l'idée de court-circuiter les hiérarques du PS. Pari gagnant pour Julien Dray, qui sera élu député socialiste en 1988.

La situation est fort ambiguë : blackboulé par l'état-major du PS et les ministres socialistes, SOS Racisme a bénéficié de l'appui du président de la République, y compris lorsqu'il s'est agi de critiquer la politique, par exemple sécuritaire ou migratoire, menée par ses ministres. François Mitterrand divise pour mieux régner. Dans l'analyse sociopolitique fine et détaillée qu'il a livrée de l'objet SOS Racisme, Paul Yonnet a vu là une manifestation de la dérive « élyséo-centrique », tendance de fond de la Ve République. En effet, alors que cela n'était pas dans les intentions du général de Gaulle en 1958, l'Élysée a pris au cours du temps de plus en plus de place, quitte à court-circuiter et à reléguer au second rang ses propres ministres.

Un passé qui ne passe pas[1]

Le général de Gaulle meurt en 1970. Durant les années 1970-1980, le roman national qu'il avait bâti autour de la Résistance est vivement attaqué. La question de la collaboration remonte à la surface. L'historien américain Robert Paxton[2] affirme que le régime de Vichy a souvent devancé les ordres de l'occupant allemand. Pour lui, Vichy est une période cruciale de l'histoire de France, bien plus importante que la Résistance. Pire encore, selon lui, la France prospère des Trente Glorieuses (1946-1973) est l'héritière de ce régime. De son côté, l'historien israélien Zeev Sternhell voit dans la France de la Belle époque (1896-1914) le berceau du fascisme[3]. Ce malaise culminera avec les révélations sur le passé vichyste du président François Mitterrand, en 1994.

On vit également apparaître le courant très médiatique des « nouveaux philosophes », autour d'André Glucksmann et de Bernard-Henri Lévy. Anciens maoïstes,

1. Éric Conan et Henry Rousso, *Vichy, un passé qui ne passe pas*, Fayard, 1994.
2. Robert Paxton, *La France de Vichy. 1940-1944*, Seuil, 1973.
3. Zeev Sternhell, *La Droite révolutionnaire, 1885-1914. Les origines françaises du fascisme*, Seuil, 1978.

ils dénonçaient désormais tous les totalitarismes. Ils semblaient avoir tourné casaque et brûler ce qu'ils avaient adoré. Mais en réalité, ils n'avaient pas changé depuis leur jeunesse soixante-huitarde. Ils avaient conservé la même vision moralisatrice de la politique et « les mêmes postures d'imprécation et de justiciers, les mêmes réflexes dogmatiques et sectaires, toujours persuadés d'être dans le bon camp[1] ». Par la suite, ils deviendront les parrains du néo-antiracisme, ce qui leur permettra à nouveau d'apparaître dans le « camp du bien », puis adopteront des postures libérales, atlantistes et néoconservatrices, soutenant les guerres d'ingérence menées par l'Occident.

Dans un vaste délire historique, le « nouveau philosophe » Bernard-Henri Lévy affirmait que Vichy n'était que le révélateur de toute l'histoire de France. Notre pays aurait toujours été raciste, et notre tradition républicaine et assimilationniste serait une violence faite aux immigrés : « Oui, je sais maintenant que la France, la France de ma culture, la France de ma mémoire, est aussi une France noire. Je sais son visage d'ordure, la ménagerie des monstres qui y habitent, et ces paysages étranges où s'ouvrent parfois, en pleine lumière, des gouffres abominables[2]. »

SOS Racisme va jouer sur cette corde en opérant une confusion fallacieuse entre le sort des Juifs durant l'Occupation et celui des immigrés dans la France des années 1980. Toute politique de lutte contre l'immigration clandestine, tout obstacle fait au droit à la

---

1. Jean-Pierre Le Goff, *La Gauche à l'épreuve, 1968-2011*, p. 22 (et dans la version augmentée *La Gauche à l'agonie ? 1968-2017*, Perrin, 2017). Pour une analyse plus poussée des « Nouveaux philosophes », on lira également le chapitre que Jean-Pierre Le Goff leur consacre dans *Mai 68, l'héritage impossible*, La Découverte, 2006.

2. Bernard-Henri Lévy, *L'Idéologie française*, Grasset, 1981, p. 293.

différence, toute exigence d'assimilation est présentée comme une résurgence du pétainisme.

Il faudra attendre plus de vingt-cinq ans pour que cette imposture vole en éclats avec les attentats antisémites commis par de jeunes islamistes issus de l'immigration : Mohammed Merah, en 2012, à l'école juive de Toulouse ; Mehdi Nemmouche, en 2014, au Musée juif de Belgique ; Amedy Coulibaly, en 2015, à l'Hypercacher de Vincennes.

L'ambiance des années 1980-1990

Dans ce contexte bien particulier, l'antiracisme devient obsédant. En 1985, c'est un coup de maître : plusieurs centaines de milliers de personnes assistent place de la Concorde au grand concert de SOS Racisme qui se prolonge jusqu'à cinq heures du matin. Francis Cabrel, Indochine, Jean-Luc Lahaye, Téléphone, Bernard Lavilliers, Alain Bashung, Les Rita Mitsouko, Jean-Jacques Goldman seront de l'aventure. Puis, trois ans plus tard, en juin 1988, la fête de SOS Racisme se tient à Vincennes, en duplex avec New York et Dakar, pour lutter contre l'apartheid en Afrique du Sud. Noble combat. Mais s'en emparer crée un amalgame tacite entre la situation des immigrés en France et celle des Noirs dans l'Afrique du Sud raciste. En chantant à Vincennes, Joan Baez, Johnny Clegg et Bruce Springsteen apportent une consécration internationale à l'association.

Le néo-antiracisme devient l'idéologie du pouvoir mitterrandien, donc de l'État, ainsi que des médias, de l'école et de l'université. Des milliers de lycéens et d'étudiants arborent un pin's de la petite main jaune de SOS Racisme. Le groupe de punk Les Béruriers noirs chante « La jeunesse emmerde le Front national[1] », hymne d'une génération adolescente qui se définit par l'antiracisme.

En parallèle, une nouvelle musique, venue des États-Unis, fait son apparition sur la scène française : le rap, qui parachève le mouvement d'américanisation de la chanson française entamé au début des années 1960 par le rock et les yéyés Johnny Hallyday, Eddy Mitchell, Sheila – qui dès 1965 chantait un tube intitulé « Le folklore américain » –, Sylvie Vartan, Dick Rivers, Mike Brant, Claude François. Comme Jean-Philippe Smet, devenu Johnny Hallyday, Didier Morville et Bruno Lopes prennent des noms de scène américains, JoeyStarr et Kool Shen, pour fonder le groupe NTM.

Le rap apparaît comme la musique des banlieues, de la jeunesse immigrée, de la contestation idéologique. Il devient le vecteur du néo-antiracisme. Il précipite l'assimilation, fallacieuse, entre les banlieues françaises et le ghetto noir américain. Au nom de l'antiracisme, ce genre musical, censé être subversif et contestataire, bénéficie du soutien du pouvoir socialiste, notamment de Jack Lang. Les groupes sont financièrement soutenus par l'État et les collectivités locales. « Le développement du rap fut obstinément encouragé par l'appareil politique et administratif de l'État, en particulier par ses décideurs culturels[2] » ainsi que par de grands médias privés, notamment Canal +.

À partir des années 1990, la « culture banlieue » envahit les séries – par exemple *H*, avec Djamel Debbouze, Ramzy Bedia et Éric Judor – et les films : *La Haine* (1995), film culte ayant pour thème des

1. Paroles extraites de « Porcherie », *Concerto pour détraqués*, 1985.
2. Paul Yonnet, « Rap. Musique, langage, violence, sexe », *Le Débat*, 2000/5 (n° 112).

émeutes opposant jeunes et policiers, *Ma 6-T va cracker*[1] (1997), *Zonzon* (1998), *Le Ciel, les oiseaux et... ta mère !* (1999).

Pourtant, comme avec la Marche des Beurs, on constate parfois que certains rappeurs de banlieue expriment une demande confuse d'assimilation, à rebours de l'idéologie différentialiste. C'est ce que l'on entend dans la chanson « Blanc et Noir », de NTM :

> Je suis blanc, il est noir, alors prends ça comme une offense
> Car en France le problème n'a pas lieu d'exister
> Les États-Unis ne sont pas toujours bons à copier.

Là où le néo-antiracisme nie la possibilité d'un racisme anti-Blancs, NTM affirme la réalité et la gravité du phénomène pour le dénoncer :

> Oui, ces individus qui crachent seulement sur Le Pen
> Et entretiennent le même style de haine
> [...]
> Farrakhan ou Le Pen même combat pour la haine
> Je dis stop, c'en est trop, go[2] !

Le coup de pouce de Jean-Marie Le Pen

Parallèlement, une nouvelle force politique émerge : le Front national de Jean-Marie Le Pen. Jusqu'au début des années 1980, il s'agit d'un obscur groupuscule, tout à fait marginal, de nostalgiques de l'Algérie française. À la présidentielle de 1974, Jean-Marie Le Pen totalise 0,75 % des voix. À celle de 1981, il ne peut même pas se présenter, faute d'avoir obtenu les cinq cents

1. Prononcez « Ma cité va craquer ».
2. Suprême NTM, « Blanc et Noir », *Authentik*, 1991.

parrainages nécessaires. Mais aux élections municipales 1983, c'est le « choc de Dreux ». Dans cette petite ville où l'immigration maghrébine est importante, la liste FN, menée par Jean-Pierre Stirbois, réalise une percée au premier tour avec 16,7 % des voix, à la surprise générale. Entre les deux tours, le Front fait alliance avec le candidat de droite.

En 1984, Jean-Marie Le Pen est invité à l'émission « L'Heure de vérité ». C'est un succès d'audience. Les jours suivants, on fait la queue devant le parti pour adhérer. Contre une quinzaine d'adhésions quotidiennes auparavant, le FN en enregistre désormais un millier. Aux élections européennes de juin, le parti atteint les 11 %. Le président François Mitterrand et son lieutenant Pierre Bérégovoy, en même temps qu'ils soutiennent SOS Racisme, vont encourager en sous-main le FN afin d'affaiblir la droite. L'adoption de la proportionnelle[1] pour les législatives de mars 1986 permet ainsi au Front national de faire entrer trente-cinq députés à l'Assemblée nationale et de devenir la quatrième force parlementaire du pays. Les présidentielles suivantes confirmeront cette inscription dans le paysage politique avec un score de 14,3 % en 1988 et 15 % en 1995.

Mais Jean-Marie Le Pen multiplie les provocations antisémites et négationnistes. En qualifiant les chambres à gaz de « point de détail » de l'histoire de la Seconde Guerre mondiale, il semble endosser avec complaisance le rôle de repoussoir. En même temps, il dénonce l'immigration et rend ainsi un grand service

1. Loi n° 85-690 du 10 juillet 1985 modifiant le Code électoral et relative à l'élection des députés, *JO*, 11 juillet 1985, p. 7801. Michel Rocard, ministre de l'Agriculture, considérant que ce changement en préparation est dangereux, en faisant sortir la Ve République de ses murs, démissionnera, voir sa déclaration dans *Le Monde* du 6 avril 1985.

au néo-antiracisme : désormais, toute critique de l'immigration devient taboue et apparaît comme raciste. Le Pen a diabolisé et fascisé l'hostilité à la poursuite des flux migratoires. Critiquer l'immigration, c'est, en effet, être comme Le Pen, et rejoindre, à travers lui, les eaux troubles du régime de Vichy. Sans le président du Front national, la critique de l'immigration aurait été bien moins difficile.

Cependant, l'agitation de SOS Racisme n'empêchera nullement la progression électorale du FN. Au contraire, le discours moralisateur de SOS Racisme et son refus de l'assimilation républicaine ont excédé de nombreux électeurs, qui se sont alors tournés vers le FN par réaction. Dans ce jeu de rôles entre SOS Racisme et Front national, chacun a aidé l'autre.

Le paradoxe intenable du néo-antiracisme

Toute la rhétorique du néo-antiracisme repose sur une contradiction logique, qui confine au mensonge. Il s'agit de promettre aux immigrés et à leurs enfants qu'ils pourront être pleinement français tout en s'organisant en communautés séparées du reste de la nation et en faisant valoir leur droit à la différence. La perversion va même jusqu'à affirmer que ceux qui s'opposent à ce repli communautaire seraient racistes, les « vrais » racistes.

La promesse est pourtant intenable : pour être pleinement français, il faut renoncer à son droit à la différence. On ne peut pas avoir les deux en même temps. La vision française, assimilationniste et anticommunautariste, est le contraire même du racisme : elle considère que tous les Français sont égaux, avec les mêmes droits et les mêmes devoirs, sans distinction d'origine, de couleur de peau ou de religion. Dans cette perspective égalitaire et universaliste, « l'autre » est jugé digne de devenir « nous ». Mais cela implique que « l'autre » renonce à faire valoir un statut spécifique. S'il a le droit de bénéficier de la culture et du mode de vie français, il a aussi le devoir de les épouser et de les respecter, sans y opposer un contre-modèle.

Les manifestations d'intolérance de nos compatriotes envers des pratiques qui s'éloignent trop de leurs normes culturelles – du port de vêtements religieux à l'école, dans la rue, jusqu'à la polygamie – sont à l'opposé d'une vision raciste. C'est justement parce que les personnes appartenant à des minorités ethniques sont perçues comme des Français à part entière, dignes de ne pas vivre à l'écart, que l'on attend d'elles des comportements en adéquation avec la culture française.

Le racisme traditionnel consistait à imposer des signes distinctifs de façon à empêcher l'invisibilisation et l'assimilation : le paroxysme de cette logique sera l'étoile jaune imposée aux Juifs par les nazis. Au contraire, la demande d'assimilation vise à éviter que les gens ne se stigmatisent eux-mêmes. C'est cette demande d'assimilation que Jean-Luc Mélenchon formulait, de manière un peu brutale, en 2010 lorsqu'il disait que les femmes portant le voile « se stigmatisent elles-mêmes », et en 2013 quand il parlait « des jeunes Français qui se déguisent en Afghans ». C'était avant son revirement à 180 degrés sur le sujet, et sa conversion au communautarisme !

Le néo-antiracisme travestit cette réalité et affirme que ces exigences seraient en fait du racisme. Il jette ainsi l'opprobre sur la réaction spontanée des Français et la rendent illisible. On nage dès lors en plein contresens. La condescendance méprisante et distante du « Restez comme vous êtes » apparaîtra comme le fin du fin de la tolérance. Inversement, la main tendue, avec générosité, mais aussi avec exigence, sera interprétée comme la pire des brutalités. C'est pourtant ce qui va s'imposer grâce à des formules bien choisies.

Nous décrétons que vous êtes raciste

Le génie publicitaire de SOS Racisme transparaît à travers divers slogans, dont celui déjà évoqué de « Touche pas à mon pote », qui ont marqué les esprits jusqu'à nos jours.

L'une des émissions de télévision les plus regardées aujourd'hui, présentée par Cyril Hanouna sur C8 et réunissant plusieurs millions de téléspectateurs chaque soir, s'intitule « Touche pas à mon poste », jeu de mots inspiré du slogan antiraciste lancé par SOS Racisme. Toutefois, malgré son inventivité rhétorique, « Touche pas à mon pote » est en fait un slogan condescendant. Le prononcer, c'est se mettre en position de chevalier blanc – c'est le cas de le dire – prenant, sous son aile protectrice, la défense d'immigrés condamnés à être d'éternelles victimes.

La notion de « pote » remplace l'appellation républicaine de « citoyen » et celle communiste de « camarade », mais abolit l'idéal de fusion qui y était présent pour ériger une barrière.

> Les potes que l'on prétend souder en les défendant ne sont pas des camarades et ne sont pas appelés à le devenir. Le « pote qu'on assassine », celui qu'on ne verra jamais (puisqu'il est malheureusement mort), on ne l'aurait pas plus rencontré vivant. Les potes ne sont pas des copains. « Pote » dans le langage de SOS, c'est le lieu vide appelé à être occupé par un individu qui sera tout d'abord identifié

> par un stigmate, une différence de caractère ethnique. Si proche soit-il, si proche se veut-il, le pote reste marqué par une altérité et celle-ci, tel un fatum, le rattrapera toujours[1].

Le discours de SOS Racisme sur l'immigration, notamment clandestine, reposait sur un amalgame fallacieux : être contre l'immigration, souligner les problèmes qu'elle pose, voter pour les partis qui la combattent comme le Front national, c'était être raciste.

Or, ce qui devrait plutôt surprendre, positivement, c'est le très grand calme avec lequel la population française a jusqu'ici fait face à l'immigration de masse et au multiculturalisme, phénomènes sur lesquels elle n'a jamais été consultée par référendum. Calme que l'on retrouve y compris chez les électeurs du Front ou du Rassemblement national et les contempteurs de l'immigration. Malgré les problèmes économiques, sociaux, sécuritaires, identitaires et culturels qu'elle génère, on n'a fort heureusement observé aucune violence de masse contre les immigrés. Aucune attaque ciblée du type « pogrom ». Les crimes racistes restent rarissimes. Et ce même lors de la grande vague d'attentats islamistes de 1994-1996 ou de 2015-2016.

La masse des Français gère les difficultés quotidiennes liées au multiculturalisme avec tact et mesure. Pour le dire de manière imagée, on peut très bien être intolérant le matin et tolérant le soir. Une personne peut très bien être hostile à l'immigration et voter pour le RN tout en rendant service à des personnes issues de l'immigration, en entretenant des liens de bon voisinage ou d'amitié avec elles, voire en se mariant avec l'une d'entre elles.

Les Français sont donc frappés d'une double peine : non seulement ils doivent subir les conséquences de

1. Paul Yonnet, *Voyage au centre du malaise français*, *op. cit.*, p. 169.

l'immigration, mais ils doivent également supporter un discours moralisateur qui les traite de racistes dès qu'ils essaient d'exprimer leur mécontentement, pourtant pacifiquement.

La situation des DROM (départements ou régions français d'Outre-Mer) et les COM (collectivités d'Outre-Mer), anciennement appelé les DOM-TOM, permet de déconstruire, puisque le mot est à la mode, l'amalgame entre racisme et critique de l'immigration. En effet, au second tour de l'élection présidentielle de 2022, Marine Le Pen est arrivée en tête à la Guadeloupe (69 % des voix), en Martinique, en Guyane, à La Réunion (60 %) ou à Mayotte (59 %). En 2017, des milices d'autodéfense, nommées les « 500 frères », agitaient la Guyane pour protester contre l'insécurité et l'immigration venue du Suriname voisin. Christiane Taubira, originaire de la Guyane, et pourtant toujours prompte à fustiger les opposants à l'immigration lorsqu'ils s'expriment en métropole, eut d'ailleurs des propos très modérés envers ce mouvement. Et l'on connaît désormais bien l'hostilité radicale des habitants de Mayotte, pourtant noirs et musulmans, à l'immigration comorienne.

Aux États-Unis aussi

Cette stratégie de fascisation de l'adversaire est aussi appliquée aux États-Unis, où Donald Trump est dépeint comme un affreux raciste et un « suprémaciste blanc ». On peut reprocher beaucoup de choses à Donald Trump, mais pas d'être raciste. Il se définit lui-même comme un « nationaliste civique » qui entend défendre les intérêts des citoyens états-uniens, sans distinction de religion, de couleur de peau ou d'origine ethnique. Au contraire, il fustige les « suprémacistes » et les « nationalistes ethniques », que son ancien conseiller Steve Bannon traite de « clowns » et de « losers ». Dans les années 1990, Donald Trump envisageait de se présenter comme candidat du Parti démocrate à la présidence et voulait prendre comme vice-présidente la présentatrice de télévision noire Oprah Winfrey, qu'il dit « adorer ». Durant sa présidence, il ne cessa de tweeter à propos de ses très bons résultats sur la baisse du chômage chez les Afro-Américains, disant qu'après Abraham Lincoln il était le Président qui œuvrait le plus pour les Noirs. Il a nommé des Noirs à des postes à haute responsabilité, notamment Charles Q. Brown à la tête de l'état-major de l'US Air Force. Au meeting de Donald Trump à Las Vegas en février 2020, 27 % des participants étaient issus des minorités ethniques. Certes, ses scores électoraux restent faibles chez les Noirs, mais plus d'un tiers des Latinos a voté pour lui en 2020. D'après un sondage réalisé en septembre 2023, son score chez les Noirs serait de 12 % si l'élection avait lieu demain, soit une progression de deux points par rapport à 2020. Drôle de suprémaciste blanc !

Un film résume bien les choses : *Gran Torino*, de Clint Eastwood. Walt Kowalski est un vétéran de la guerre de Corée, retraité de l'industrie automobile et vivant dans le Michigan. Jadis ouvrier, son quartier a été ravagé par la désindustrialisation et est désormais majoritairement peuplé par des minorités ethniques. Kowalski est pétri de clichés racistes, tenant des propos qui, en France, lui vaudraient d'être poursuivi par une bonne demi-douzaine d'associations antiracistes. Mais le film nous montre que ces clichés sont vrais ! L'arrivée des minorités a fait bondir la délinquance dans le quartier, naguère paisible. Mais cette réalité n'empêchera pas notre homme de venir au secours d'une famille hmong[1] cible d'un gang.

Vous avez dit « Black-Blanc-Beur » ?

Autre formule du néo-antiracisme des années 1980, le slogan ternaire « Black-Blanc-Beur », construit sur le modèle du drapeau tricolore, a acquis plus tard une grande célébrité grâce à la victoire de la France à la Coupe du monde de football en 1998, les médias répétant en chœur ce triptyque pour décrire et célébrer l'équipe victorieuse.

Pourtant, comme le « Touche pas à mon pote », « Black-Blanc-Beur » n'est pas sans poser question. Bien loin d'être volontairement aveugle aux origines de chacun, l'expression réhabilite la couleur de peau comme critère légitime et pertinent pour définir les individus et agencer l'organisation sociale. La France n'est plus vue comme un creuset dans lequel s'opérera une fusion, mais comme une tour de Babel, simple addition de communautés distinctes et séparées, chacune vivant sa vie parallèlement aux autres. Le seul ciment serait alors une volonté partagée de se différencier. Chacun est ainsi renvoyé à sa couleur et enfermé dans ses origines. Le néo-antiracisme réhabilite la race.

Mais puisque l'on tient absolument à exalter les origines ethniques, on notera que le slogan oublie les Asiatiques. En France, beaucoup d'immigrés asiatiques sont arrivés dans les années 1970 pour fuir les régimes communistes qui avaient pris le pouvoir au Vietnam, au Laos et au Cambodge. Ils apparaissaient donc comme des « immigrés de droite ». Certains traits de la culture

1. Les Hmongs sont un peuple asiatique du Vietnam et du Laos.

asiatique – valorisation du travail, discrétion, hostilité à toute posture victimaire – allaient également pousser cette population nouvellement arrivée à jouer la carte de l'assimilation, par exemple en donnant des prénoms français à ses enfants, ce qui ne pouvait que l'éloigner du néo-antiracisme.

De même, les immigrés indiens ou encore les Mélanésiens sont oubliés. Christian Karembeu, champion du monde en 1998, ne rentrait ainsi dans aucune des cases du « Black-Blanc-Beur ». Le problème ne se serait pas posé si l'on n'avait pas eu l'idée de classer les gens par couleurs de peau.

À travers l'anglicisme *black*, on confond dans une même catégorie deux groupes humains tout à fait distincts anthropologiquement et historiquement : les Africains et les Antillais. Le critère simpliste de la couleur de peau compte ici manifestement plus que la culture. Tous les Noirs de France se retrouvent ainsi compris dans un même groupe, sans que l'on prenne la peine de distinguer entre eux, et assimilés aux Afro-Américains.

Plus spectaculaire encore, surtout dans le cadre d'un mouvement lié au Parti socialiste, le slogan abolit la référence aux classes sociales. Un ouvrier noir est perçu comme plus proche d'un P-DG noir, et donc regroupé avec lui dans le même ensemble « Black », que d'un ouvrier blanc. La classe est oubliée au profit de la race.

5

De la classe à la race (I) : le sentiment antinational

Quand la gauche trahit le peuple

« Celui qui n'accepte pas la rupture avec l'ordre établi, avec la société capitaliste, celui-là, je le dis, ne peut pas être adhérent du Parti socialiste. » Ce 13 juin 1971, au congrès d'Épinay qui vit la transformation de la vieille SFIO en une formation politique moderne, le Parti socialiste, François Mitterrand met ses pas dans ceux de Karl Marx. Dix ans plus tard, il gagne la présidentielle sur la promesse rimbaldienne de « Changer la vie ». Mais passe le temps, et la gauche au pouvoir devient capitaliste et libérale : la question identitaire efface désormais la question sociale, tandis que la gauche abandonne la lutte des classes pour l'antiracisme, le social pour le sociétal, la défense des ouvriers pour celle des minorités. Devenu courant, ce constat découle cependant d'évolutions sociales, économiques et culturelles rarement analysées. Il ne suffit pas de sauter comme un cabri en s'exclamant : « Il faut parler au peuple, il faut parler au peuple ! » pour que la question sociale redevienne structurante dans le débat public.

Années fric, années antiracistes

Arrivée au pouvoir en 1981, la gauche tente durant deux ans de mener une politique de relance par la demande et de tenir ses promesses de campagne, tandis que le monde anglo-saxon fait, tout au contraire, le choix du libéralisme avec Ronald Reagan aux États-Unis et Margaret Thatcher au Royaume-Uni. Rapidement, l'expérience montre ses limites : l'échec amène alors le « tournant de la rigueur » du printemps 1983, le pouvoir socialiste se convertissant au néolibéralisme, abandonnant ses promesses et trahissant son idéal.

Pour la gauche, c'est un immense désarroi. Quelques années plus tôt, François Mitterrand dénonçait « l'argent qui corrompt, l'argent qui achète, l'argent qui écrase ». L'hymne du Parti socialiste affirmait : « Prendre la parole/ Décider nous-mêmes/ Libérer nos vies des chaînes de l'argent. » Désormais, tout est à jeter aux orties, et il faut se lancer à corps perdu dans des politiques néolibérales, voire encenser les entrepreneurs qui ont fait fortune. Le sulfureux homme d'affaires Bernard Tapie devient ministre, et l'expression « années fric » s'impose pour caractériser cette période. Drôle de destin pour la gauche...

Rien ne saurait cependant surprendre, sociologiquement, dans cette évolution. La fuite en avant dans l'accumulation d'argent comme réponse à une angoisse métaphysique est un grand classique, bien mis en évidence par Freud. Max Weber avait déjà vu que l'esprit d'entreprise du protestantisme était motivé par la peur de l'enfer : réussir dans les affaires apparaissait comme un signe d'élection divine. En France, l'inquiétude religieuse née de la déchristianisation a abouti au XIXe siècle à une cupidité frénétique, abondamment décrite par Balzac, Flaubert et Zola. C'est ce même type de processus qui frappe la gauche française des années 1980 : l'argent vient suppléer les illusions perdues.

Au même moment, l'Église catholique, très fortement bousculée par le concile Vatican II, est aussi en crise, et l'on voit les rangs des fidèles se clairsemer. La pratique recule, les mouvements chrétiens recrutent moins, et les églises se vident.

Ce n'est pas un hasard si c'est en 1983 que le sociologue Gilles Lipovetsky publie un ouvrage au titre révélateur, *L'Ère du vide.*

Un vide qu'une double espérance nouvelle va remplir : européiste et antiraciste. Fait révélateur, Bernard Tapie, apôtre des « années fric », est l'un des plus ardents partisans du néo-antiracisme.

Les grands récits socialo-communiste, d'une part, et chrétien, d'autre part, avaient la particularité d'être transversaux. Ils découpaient la société verticalement, recrutant dans tous les milieux. Il y avait énormément d'ouvriers communistes, mais le PCF recrutait également chez les intellectuels. À la SFIO, on trouvait aussi bien des paysans que des fonctionnaires, des artisans que des ouvriers. À l'église aussi, toutes les classes se côtoyaient. Quant au gaullisme, c'était le « métro à l'heure de pointe », pour reprendre la formule d'André Malraux. Au contraire, européisme et néo-antiracisme découpent horizontalement la société, reproduisant la division en classes et touchant prioritairement les milieux aisés, sans jamais vraiment pénétrer le monde des ouvriers, des employés, des agriculteurs et des artisans.

Ces deux nouveaux grands récits de substitution, européiste et antiraciste, ont en commun d'être des messages de dilution de la nation : par en bas, l'antiracisme attaque la nation au nom du droit à la différence ; par en haut, l'Union européenne rogne la souveraineté nationale et promet, à terme, le dépassement des nations dans un grand ensemble fédéral.

Une nouvelle sensibilité antinationale

Cette sensibilité antinationale est une conséquence des évolutions de la société française. Les nations sont des réalités très anciennes. Mais longtemps, elles ont dû affronter d'autres formes d'organisation, d'autres idéaux politiques : la papauté et son pouvoir transnational, la féodalité, l'agrégat composite du Saint Empire romain germanique, par exemple. Ce n'est qu'à partir de 1789 que la nation s'impose comme le cadre exclusif de l'action politique. Cette domination de l'idée nationale a été permise par l'alphabétisation de masse, comme l'ont bien perçu de nombreux anthropologues, tels Ernest Gellner ou Emmanuel Todd. La diffusion de l'éducation primaire et secondaire à toutes les strates de la société a permis aux individus de se considérer comme des égaux, favorisant la double émergence de la démocratie moderne et de la solidarité nationale, la nation étant le cadre de la démocratie. Comme l'écrit Emmanuel Todd : « Démocratie et nation ne sont que les deux visages, intérieur et extérieur, d'une même société homogénéisée par l'alphabétisation de masse[1]. » Dans ce cadre, qui prévaut en France des années 1780 jusqu'au début des années 1960, nation, démocratie, égalité, mais aussi industrialisation progressent de conserve. Seule une infime minorité a accès aux études longues et, compte tenu de son insignifiance

1. Emmanuel Todd, *Après la démocratie*, Gallimard, 2008.

quantitative, elle ne saurait se considérer comme une caste supérieure coupée du reste du pays. Un pays dont elle est solidaire.

Mais à partir des années 1960, un phénomène nouveau et unique dans l'histoire se produit : l'accès d'une part importante – entre 20 et 30 % de la population – à l'enseignement supérieur. Ces abondantes cohortes d'étudiants rompent l'homogénéité socio-éducative et constituent un groupe à part, bien souvent coupé du reste de la société et capable de vivre en vase clos. Auparavant le médecin épousait une infirmière, désormais il peut épouser une consœur.

L'émergence d'un groupe massifié défini par les études supérieures fragmente la nation et affaiblit le sentiment égalitaire. Cette coupure éducative se traduit sur les plans socio-économique – les diplômés du supérieur gagnent, en moyenne, davantage que les non-diplômés – et géographique – les diplômés ont tendance à se concentrer dans les métropoles tandis que les non-diplômés optent plutôt pour les territoires périphériques. Cette nouvelle classe privilégiée est portée à penser que sa position sociale dominante est légitime, car récompensant le mérite scolaire, ce qui nourrit un réel mépris de classe. Il suffit de voir la complaisance avec laquelle les médias de masse insistent sur le faible niveau de diplôme de l'électorat de Marine Le Pen pour s'en convaincre. Ils ne méprisent pas les ouvriers parce qu'ils votent pour le RN, ils méprisent le RN parce que les ouvriers votent pour lui.

Partout dans le monde occidental, le dénigrement des attitudes populaires est ainsi devenu l'un des traits caractéristiques d'une bonne partie des médias, de la classe politique et du monde de la culture. Durant la campagne pour les élections de 2016, Hillary Clinton fustigea le « panier de déplorables » pour désigner les électeurs de

Donald Trump, déclaration d'ailleurs contre-productive, qui contribua à sa défaite. On se souvient aussi que le président François Hollande, censé être de gauche, se moquait en privé des « sans-dents ». Tandis que *Libération,* dans son édition du 8 septembre 2023, commentait ainsi la cérémonie d'ouverture de la Coupe du monde de rugby : « *Ringardise [...] allez la Rance !* »

Une partie de ces diplômés a développé des sentiments à la fois antinationaux, anti-égalitaires et – de manière dissimulée – antidémocratiques, délégitimant l'égalitarisme interne à la société démocratique. Emmanuel Todd, à nouveau, l'a très bien mis en lumière : « La nation, qui enferme les riches et les pauvres dans un réseau de solidarités, est pour les privilégiés une gêne de tous les instants. Elle est la condition d'existence d'institutions comme la Sécurité sociale qui est, en pratique, un système de redistribution nationale, incompréhensible sans l'hypothèse d'une communauté d'individus solidaires et égaux[1]. »

C'est donc sur ce nouveau terreau social que prospèrent toutes les formes de rejet de la nation, à la fois par en haut – avec le soutien à l'européisme et à la mondialisation – et par en bas – avec la décentralisation, le multiculturalisme et le néo-antiracisme défenseur du « droit à la différence ». Du développement de mouvements autonomistes régionalistes au détricotage de l'assimilation, des abandons de souveraineté dans le cadre de l'Union européenne à la fin de l'enseignement de l'histoire de France, tout ce qui peut faire reculer l'homogénéité nationale est nourri par cette division du pays.

Puisque la nation est le cadre de la démocratie, il est logique qu'on assiste dans un même mouvement

1. Emmanuel Todd, *L'Illusion économique*, *op. cit.*

à la remise en question de la nation et à celle de la démocratie. La montée du sentiment antidémocratique au sein des élites occidentales est spectaculaire. En France, alors que le référendum est censé être au cœur des institutions de la Ve République, aucune consultation de ce type n'a été organisée depuis celle de 2005. Un référendum dont le résultat a d'ailleurs été bafoué puisque le traité portant Constitution pour l'Europe rejeté par le vote du peuple a finalement été adopté par la voie parlementaire deux ans plus tard, en 2007, une trahison que nombre d'électeurs n'ont pas « digérée ». En face, il n'est question que de la « confiance dans les experts », du « cercle de la raison », du « populisme exécrable », autant d'expressions codées qui traduisent un sentiment de supériorité sociale et une aversion de plus en plus grande pour la démocratie, régime où le vote d'un non-diplômé compte autant que celui d'un diplômé.

Comment la lutte des classes a disparu

On pourrait s'étonner légitimement d'une contradiction apparente : le thème de la lutte des classes est beaucoup moins présent dans le débat public aujourd'hui qu'il ne l'était dans les années 1950, 1960 ou 1970. Pourtant, le néolibéralisme, les délocalisations et les désindustrialisations ont lourdement fait souffrir la classe ouvrière. En réalité, la lutte des classes a disparu du débat public non pas *malgré* l'affaiblissement du monde ouvrier, mais *à cause de* cet affaiblissement.

Tout au long du XIXe siècle et dans les trois premiers quarts du XXe siècle, le prolétariat a été une classe sociale en expansion : expansion numérique, expansion éducative – puisqu'il était de plus en plus éduqué et formé –, expansion économique – son niveau de vie augmentant. La production ne pouvait se faire sans lui, il était donc incontournable économiquement, de telle sorte qu'il avait la capacité d'imposer la lutte des classes dans le débat public.

Mais la tertiarisation et les délocalisations ont réduit son importance quantitative et son rôle dans le processus de production. Désormais, on peut le contourner en important des biens matériels fabriqués à l'autre bout du monde. Moins important économiquement, il ne dispose plus des mêmes moyens de pression. Affaibli dans le rapport de force, il n'est plus en mesure d'imposer ses thématiques. Marxisme et lutte des classes étaient les modes d'expression d'une classe ouvrière socialement ascendante. Ils ont logiquement régressé avec la crise du monde ouvrier.

Aux délocalisations s'ajoutent les changements de la production. Les grandes concentrations ouvrières – mines, sidérurgie et métallurgie, chantiers navals, automobile, notamment – étaient des cadres extrêmement propices à la prise de conscience collective. Tous ces gens partageaient un sort commun et habitaient dans les mêmes quartiers. Des usines sortaient de véritables marées humaines. Aujourd'hui, les 60 000 ouvriers de Renault concentrés à Boulogne-Billancourt ne sont plus imaginables. Comme le souligne très justement Marcel Gauchet : « Là où avant tout était regroupé sur un seul site géant, maintenant on a une foule de sous-traitants dispersés sur tout le territoire et une foule de camionneurs qui amène tout ça en flux tendu[1]. » À cela s'ajoute une dispersion

1. Marcel Gauchet, « La France périphérique contre les élites / Comprendre Macron. Les entretiens de CRE », vidéo mise en ligne sur YouTube le 9 mars 2018 par la chaîne Critique de la raison européenne.

extrême de l'habitat ouvrier, le pavillon individuel ayant remplacé les grands ensembles.

Pour qu'il y ait lutte des classes, faudrait-il encore qu'il y ait quelqu'un contre qui lutter. Auparavant les ouvriers s'opposaient à un patronat clairement identifié, fortement politisé et qui entendait peser dans les affaires publiques. L'intervention de l'État constituait alors un arbitrage par le haut. Désormais, le patronat est internationalisé, et souvent les ouvriers ne savent même plus à qui appartient leur usine.

On est donc passé d'un schéma de « lutte des classes » à celui d'une « fracture sociale », où la montée des inégalités implique un écartèlement entre des milieux sociaux qui s'ignorent et ne parviennent plus à se parler.

L'émergence de la « fracture sociale » a entraîné la montée d'une violente « populophobie » des élites. Mais ce sentiment populophobe se dissimule derrière un discours aux allures généreuses et sympathiques : celui d'une soi-disant ouverture à « l'autre », à travers le néo-antiracisme et la mondialisation.

Les dégâts de la mondialisation sur les ouvriers sont passés sous silence au profit d'un faux sentiment de solidarité avec les pays en voie de développement. « Il faut bien que ces pays se développent aussi », argument ressassé dans les années 1990-2000, y compris par certains de mes professeurs de lycée. Cette idéologie a, en effet, pénétré profondément dans l'appareil d'État. Malgré les effets catastrophiques de la concurrence chinoise sur notre tissu industriel, malgré le caractère déloyal de cette concurrence – dumping social, monétaire et environnemental, espionnage industriel, etc. –, la France continue de verser de l'argent à la Chine au titre de l'aide au développement ! Après l'Allemagne, Paris est le plus gros contributeur de l'aide publique à la Chine, pourtant deuxième puissance économique mondiale, faut-il le rappeler, avec 400 millions d'euros versés entre 2018 et 2020.

La même logique vaut aussi pour l'immigration. « Le Paris des bac +5 s'est enflammé pour la défense des droits des immigrés, après s'être ému du problème des sans-papiers, mais il n'arrive toujours pas à s'intéresser au peuple des Provinces, torturé par une politique économique qui n'en finit pas de faire monter le taux de chômage[1] », notait Emmanuel Todd en 1998.

Obsession identitaire et obsession victimaire

Alors que le sentiment national et la question de la lutte des classes déclinent, la question identitaire, elle, progresse et tend à les remplacer. En droit, l'égalité cède peu à peu la place à la non-discrimination. L'exaltation de la différence, thème tout à fait mineur auparavant, explose à partir des années 1980, et ce dans tous les domaines, y compris les plus inattendus. Loin de se cantonner au seul antiracisme, le discours qui présente la différence comme un bien absolu envahit les journaux, la politique, l'économie, la culture, la publicité, la psychologie et le développement personnel. Paul Yonnet cite ainsi de nombreuses publicités où la différence est mise en avant comme « preuve séductrice du bon, du mieux, du moral[2] ».

De même, le recours à la notion de « communauté » a bondi dans les discours à partir du début des années 1980[3]. Au fur et à mesure que l'idéal national se

---

1. Emmanuel Todd, *L'Illusion économique*, *op. cit.*
2. Paul Yonnet, *Voyage au centre du malaise français*, *op. cit.*, p. 205.
3. Avec le triomphe des communautés, on retrouve le fantasme de certains courants socialistes prémarxistes du XIXe siècle qui voyaient dans la société utopique une juxtaposition de communautés.

rétracte, apparaissent et prospèrent toutes sortes de communautés. Cette logique culmine aujourd'hui avec les « communautés » des réseaux sociaux.

Par ailleurs, le sentiment victimaire progresse dans la société. Il est le fruit de l'atomisation hyperindividualiste du corps social et d'une sensibilité pacifique et irénique qui amène à préférer être une victime plutôt qu'un combattant. Tout le monde, à notre époque, se dit victime. Veut être une victime. Cette évolution est frappante dans le monde du travail. Auparavant les conflits professionnels étaient médiatisés par des structures collectives – les syndicats – et traduits en termes politiques. Aujourd'hui, ils sont individualisés, dépolitisés, médicalisés et affirmés en termes psychologisants, comme le montre l'omniprésence de la question du harcèlement au travail.

De la Révolution de 1789 jusqu'à la fin des années 1970, la conquête de nouveaux droits individuels était perçue comme un moyen et ne pouvait se poursuivre qu'en restant soumise à l'intérêt général. Mais aujourd'hui, dans des sociétés occidentales individualistes et dépolitisées, l'extension permanente des droits individuels cesse d'être un moyen pour devenir une fin en soi, sans aucun autre but qu'elle-même ni aucun égard pour un quelconque intérêt général. Elle ne saurait être un programme politique, mais occupe de fait la place laissée vide par la disparition des anciens projets politiques et des grands récits idéologiques. La question des conséquences que les nouveaux droits individuels pourraient avoir pour la cohésion et la bonne marche du groupe semble devenue taboue[1]. Le réalisme et

1. On se reportera à ce sujet à l'article précurseur de Marcel Gauchet : « Les droits de l'homme ne sont pas une politique », *Le Débat*, n° 3, 1980/3, p. 3-21.

l'éthique de responsabilité s'effacent devant l'éthique de conviction et l'attachement névrotique aux grands principes. Alors qu'au XIXe Tocqueville craignait que la démocratie ne dégénérât en dictature de la majorité sur les minorités, nous vivons aujourd'hui l'inverse : le recul de la démocratie et la tyrannie des individus, des minorités et des communautés sur la majorité.

C'est sur cette toile de fond globale de l'évolution des mentalités que s'est greffé le discours différentialiste et communautariste du néo-antiracisme. Quête des origines, affirmation identitaire, valorisation de la différence, attachement à des « communautés », mise en avant de la « diversité », attitudes victimaires : ces sensibilités générales traversent toute la société, bien au-delà de la politique ou de la question du racisme. Le néo-antiracisme ne fait que traduire ce mouvement global dans le champ politique.

6

De la race à la classe (II) : un prolétariat de substitution

Une chanson de Jean Ferrat

Chanteur lié au Parti communiste, Jean Ferrat n'a jamais eu de sympathie pour le gauchisme, dont Lénine disait qu'il est la « maladie infantile du communisme ». Dans une chanson de 1991, il se moque de ceux qui étaient militants gauchistes en 68, engagés dans l'humanitaire dans les années 1970, puis ralliés à François Mitterrand, et enfin partisans du tournant libéral après 1983 :

> Ils ont troqué leur col Mao
> Pour une tenue plus libérale
> Le vieux slogan du père Guizot[1]
> Est devenu leur idéal
> Nos soixante-huitards en colère
> Reprennent un refrain peu banal
> C'est « enrichissez-vous mes frères »
> En guise d'*Internationale*
>
> Ce n'était alors que jeunes imbéciles
> Le poil au menton

1. Allusion à François Guizot, ministre libéral de Louis-Philippe, qui avait, dans un discours prononcé à la tribune de la Chambre en 1843, lancé la formule « Enrichissez-vous ! ».

Ce n'était alors que jeunes imbéciles
Les voilà vieux cons

Ils ont troqué leur col Mao
Et leur vieux look égalitaire
Pour un costume plus rigolo
C'est la chasuble humanitaire
Ils font la quête avec délice
Chez ceux qu'ont plus rien à donner
Et pour établir la justice
S'en remettent à la charité

Ils ont troqué leur col Mao
Pour des tenues plus officielles
Depuis qu'ils fréquentent à gogo
Les cabinets ministériels
Ah ! quel plaisir en redingote,
Sur le perron de l'Élysée
De se faire lécher les bottes
Par des journalistes avisés[1].

On ne pouvait dresser meilleur portrait de ceux qui furent les hérauts du néo-antiracisme.

La déception post-Mai 68

La racine de l'antiracisme repentant et différentialiste est à chercher du côté de Mai 68. Trop souvent, sous prétexte que le mouvement ne provoqua aucun changement politique, ne fit que peu de victimes et revêtit fréquemment des allures festives, voire grotesques, on tend à minimiser, à tort, son importance.

1. Jean Ferrat, « Les jeunes imbéciles », album *Dans la jungle ou dans le zoo*, 1991.

Non seulement les conséquences de Mai 68 ont profondément transformé la société et les mentalités, mais le mouvement fut en lui-même massif et mobilisa des centaines de milliers de jeunes manifestants. Cette masse étudiante et lycéenne était globalement d'extraction petite-bourgeoise. Bien sûr, on y trouvait aussi des jeunes de la grande bourgeoisie. Mais, par définition, la grande bourgeoisie était trop peu nombreuse pour pouvoir nourrir une vague aussi puissante que celle qui secoua alors le pays.

Cette jeunesse petite-bourgeoise fantasmait le prolétariat, voyant dans la figure de l'ouvrier un moyen de rédemption et plaçant en lui ses espoirs messianiques de révolution. Elle étouffait dans des familles conservatrices démodées, dans des pensionnats trop rigides, dans des lycées à la discipline de fer, ou dans des universités trop petites pour faire face à la massification des études supérieures qui venait de débuter. La société des adultes était un carcan autoritaire en totale inadéquation avec les nouveaux modes de vie de la jeunesse permis par la croissance économique des Trente Glorieuses.

Tous étaient très marqués par la Seconde Guerre mondiale, puisque nés soit pendant, soit juste après ce conflit, qui avait durement touché leurs parents. Nombreux furent ceux qui se tournèrent alors vers l'extrême gauche, se vivant comme de nouveaux Résistants, ainsi que l'indique le slogan « CRS = SS ».

Pour abattre cet ordre social rigide, qu'elle vivait comme tyrannique, la jeunesse petite-bourgeoise a cru, selon le schéma marxiste traditionnel, qu'il fallait « aller au peuple » et que les ouvriers, les « damnés de la terre », seraient les acteurs de cette révolution sociale. Cette idée fantasmatique a servi de grille de lecture du monde et a structuré l'imaginaire de toute la « génération 68 ». Au début, tout sembla confirmé par les faits, puisque le mouvement lycéen et étudiant déclencha une gigantesque grève générale dans les ateliers, les mines, les usines et les services publics.

Mais la déception fut immense lorsque l'on comprit que la classe ouvrière française n'avait pas d'aspirations révolutionnaires. Une fois les salaires augmentés par les accords de Grenelle, la grève cessa et la révolution n'eut pas lieu. Puis ce fut le raz-de-marée gaulliste aux élections de juin.

Étudiants et lycéens comprirent alors que la majorité des ouvriers étaient soit gaullistes (et donc hostiles au mouvement de Mai 68), soit proches du PCF, parti certes étiqueté à gauche, mais en réalité « nationaliste, autoritaire et conservateur[1] » (selon l'excellente formule de Patrick Buisson) et ayant depuis longtemps renoncé à la révolution. Par ailleurs, les ouvriers commençaient à avoir des modes de vie et des aspirations petites-bourgeoises. En mai 1968, la condition ouvrière n'est plus ce qu'elle était à l'époque de *Germinal*. Si le travail reste encore très dur physiquement, et les accidents fréquents, le niveau de vie, lui, a déjà nettement progressé grâce à l'État providence mis en place depuis 1945 et à la croissance économique. Les ouvriers n'étaient plus intéressés par le Grand Soir, mais rêvaient d'un pavillon en banlieue et d'une télévision. Entre la jeunesse révolutionnaire et les ouvriers, l'alliance fut courte et le malentendu complet : les jeunes voulaient « aller au peuple » pour échapper à leur classe sociale, les ouvriers, eux, ne souhaitaient qu'une chose, devenir des petits-bourgeois. Aux jeunes qui leur parlaient du « Grand Soir », de la révolution,

1. Carole Barjon, « Patrick Buisson : le stratège de l'ombre », *L'Obs*, mis en ligne le 16 février 2012.

les ouvriers répondaient « samedi soir », c'est-à-dire recherche des loisirs et du confort individuel. Cette déception, fruit d'une erreur complète d'analyse, fut vécue par la petite-bourgeoisie comme une trahison et constitua un véritable « effondrement du sens[1] », selon la formule de Paul Yonnet.

Ce dépit est manifeste dans la chanson « Hexagone », de Renaud[2] :

> Y m'font pitié ces imbéciles
>
> Ils se souviennent au mois de mai
> D'un sang qui coula rouge et noir
> D'une révolution manquée
> Qui faillit renverser l'histoire
>
> J'me souviens surtout d'ces moutons
> Effrayés par la Liberté
> S'en allant voter par millions
> Pour l'ordre et la sécurité
>
> [...]
>
> La bagnole, la télé, l'tiercé
> C'est l'opium du peuple de France
> Lui supprimer, c'est le tuer
> C'est une drogue à accoutumance
>
> [...]

---

1. Paul Yonnet, *Voyage au centre du malaise français*, *op. cit.*, p. 269.
2. Peu connue du grand public qui lui préfère les plus consensuelles « Dès que le vent soufflera », « Mistral Gagnant », « Manhattan-Kaboul », « Hexagone » est l'une des chansons préférées des fans du chanteur, qui la lui réclament à chaque fin de concert depuis des décennies. Il s'agit d'une critique radicale de la France et du peuple français.

Être né sous l'signe de l'Hexagone
On peut pas dire qu'ce soit bandant
Si l'roi des cons perdait son trône
Y aurait 50 millions de prétendants[1].

Cette déception fut très dure psychologiquement pour beaucoup d'entre eux, qui sombrèrent dans la toxicomanie ou la folie, parfois jusqu'au suicide, dans les années 1970. On se souviendra ici du cas de Robert Linhart, normalien, sociologue, militant maoïste. En septembre 1968, il va travailler comme ouvrier chez Citroën. Début 1981, il tente de se suicider, puis sombrera dans un mutisme complet, ne prononçant aucun mot pendant plusieurs années.

Le mouvement de Mai 68 comportait deux dimensions entremêlées : un aspect social et révolutionnaire qui le rattachait à la tradition du mouvement ouvrier, et un aspect sociétal qui relève du « gauchisme culturel » (anti-autoritarisme, éducation permissive, féminisme radical, etc.). Dans les années 1970, au fur et à mesure que les espérances révolutionnaires furent déçues, la dimension de « gauchisme culturel » prit de plus en plus de place.

Les jeunes soixante-huitards grandirent et prirent le pouvoir dans les années 1980 : le pouvoir politique bien sûr, mais surtout le pouvoir économique, culturel, médiatique et symbolique. Arrivée aux affaires, cette génération a systématiquement dénigré les classes populaires et a cherché un prolétariat de substitution. Puisque la classe ouvrière française avait déçu, on la remplaça par la figure de l'immigré, nouveau « damné de la terre ». Les classes populaires blanches allaient

1. Renaud, « Hexagone », album *Amoureux de Paname*, 1975, régulièrement reprise en concert.

donc être présentées comme d'affreuses racistes, tandis que l'immigré serait érigé en nouvel apôtre d'une rédemption messianique.

Après avoir mythifié le peuple, il fallait désormais l'abattre symboliquement. Le dénigrement des classes populaires à partir des années 1970 est visible à travers une infinité exemples. On peut ainsi citer le personnage du « beauf », inventé par l'auteur de bandes dessinées Cabu dans les colonnes de *Charlie Hebdo*. Véritable antihéros, le beauf cumule toutes les tares morales : il est grossier, odieux, inculte, veule... et bien sûr raciste. Le film *Dupont Lajoie* (1975) est également symptomatique : un cafetier parisien, vantard et maladroit, part en vacances au camping. Attiré par une vacancière, il la viole et la tue. Mais il parvient à faire accuser un ouvrier algérien, qui est alors livré à la vindicte populaire et tué dans une ratonnade.

Cette génération est ainsi passée de l'hyperpopulisme à l'antipopulisme le plus décomplexé. En Mai 68, les slogans trotskistes et surtout maoïstes portaient le peuple au pinacle. « Un seul héros, le peuple ! » criaient ainsi les jeunes maoïstes. Vingt-cinq ans plus tard, les mêmes fustigeaient la « lèpre populiste ». Le vers de Jean Racine qui proclame « Je l'ai trop aimé pour ne point le haïr » a joué a plein entre la génération 68 et les classes populaires. En ce sens, l'itinéraire de Serge July, figure emblématique du mouvement et fondateur du journal *Libération*, est saisissant. Dans sa jeunesse, July fut un hyperpopuliste forcené. C'est au nom de cet hyperpopulisme qu'il mena campagne contre le notaire Pierre Leroy dans l'affaire de Bruay-en-Artois : après la découverte du cadavre d'une jeune adolescente d'origine modeste, on inculpa Leroy malgré l'absence de preuves. Les maoïstes se déchaînèrent contre cet homme qui, du fait de son appartenance bourgeoise, leur paraissait être le coupable idéal. Pierre Leroy fut finalement innocenté. Serge July, devenu un confortable bourgeois, un puissant patron de presse, membre de l'intelligentsia parisienne, abandonna le thème de la lutte des classes, qui lui avait tant tenu à cœur, pour se lancer dans une croisade antiraciste et européiste, dénonçant régulièrement l'« épidémie de populisme ».

La question de l'islamo-gauchisme[1]

À l'instar de Serge July, beaucoup d'anciens soixante-huitards ont accepté la société capitaliste, et quitté l'extrême gauche. Certains sont restés fidèles aux idéaux révolutionnaires de leur jeunesse. Mais une partie de l'extrême gauche marxiste et révolutionnaire a aussi accepté l'idée d'une substitution de la figure de l'ouvrier par celle de l'immigré. Avec cette fois l'idée non pas d'accepter le système, mais de le renverser.

L'idée d'une alliance entre marxisme et islamisme n'a rien de nouveau. Si elle répugne à de nombreux marxistes ancrés dans un athéisme militant, elle en a toujours séduit d'autres.

Certains islamologues soulignent que les tendances psycho-culturelles du monde arabo-musulman et la psychologie communiste peuvent partager des traits communs : tendances autoritaires et manque de considération pour les libertés individuelles, dogmatisme, prosélytisme, goût pour l'égalité et la fraternité, forte

1. Cette expression d'« islamo-gauchisme » passionne les éditorialistes conservateurs sur les plateaux de télévision. Mais ils en comprennent souvent mal le sens. Cette appellation ne concerne pas l'islam (dont les dogmes conservateurs sont aux antipodes du gauchisme), mais les choix stratégiques de certains groupes gauchistes. L'islamo-gauchisme est donc très gauchiste et peu « islamo ».

propension aux schismes internes... Comme l'écrivait l'islamologue Maxime Rodinson, « l'islam est un communisme avec Dieu » et « en matière d'orthodoxie coercitive, l'islam et le communisme présentent une ressemblance frappante[1] ». D'ailleurs Rodinson, lui-même de formation marxiste, interprétait la prédication de Mahomet comme une exigence d'égalité et de justice sociale face à la grande aristocratie mecquoise. Du côté de l'anticommunisme, le sociologue Jules Monnerot publia, en 1948, un ouvrage en trois tomes intitulé *Sociologie du communisme* : le premier tome est sous-titré *L'islam du* XXe *siècle*, car Monnerot y établit une similitude morphologique entre le communisme et l'empire califal des Abbassides au Moyen Âge, tous deux reposant sur une confusion entre le politique et le religieux.

Pour reprendre un jeu de mots de Gilles Kepel, de la fête de *L'Huma* à la fête de l'oumma, il n'y a qu'un pas. Belle illustration de cette thèse : le résistant, intellectuel et homme politique Roger Garaudy, longtemps figure de proue du PCF, et qui s'est converti à l'islam, adoptant le prénom musulman de Raja. De même, l'auteur de bandes dessinées Gérard Lauzier, dans un épisode de la série *Tranches de vie*, raconte la conversion à l'islam d'un contremaître de l'industrie automobile. Et sa femme ne manque pas de préciser que cette conversion n'a pas beaucoup changé son mari, puisque « avant, il était à la CGT » et avait donc déjà un esprit très religieux.

L'acte fondateur de l'islamo-gauchisme est probablement le congrès de Bakou, organisé en 1920 par les révolutionnaires bolcheviks. En effet, après l'échec des communistes en Hongrie et en Allemagne, les soviétiques envisagent de s'allier avec l'Orient pour abattre

1. Entretien avec Maxime Rodinson, *Le Figaro*, 28 septembre 2000.

l'Occident capitaliste et colonialiste. Cet Orient englobe surtout le monde musulman, mais aussi la Chine ou la Corée. À l'initiative de Grigori Zinoviev se tient donc le « congrès des peuples de l'Orient ». Bakou, en Azerbaïdjan soviétique, est une ville musulmane à la croisée de l'Orient et de la Russie. De nombreux représentants sont invités, et le congrès est le point de départ d'une intense propagande. Les bolcheviks appellent ainsi les paysans du Moyen-Orient à se révolter contre les troupes françaises et britanniques. Finalement, ce projet d'alliance sera jeté aux orties par Staline. Et, ironie de l'histoire, ce sont finalement les États-Unis qui, après 1945, s'allieront avec l'islamisme pour abattre le matérialisme athée soviétique.

Le projet d'une alliance entre islamisme et communisme fut repris par Ali Shariati, l'intellectuel organique de la révolution islamique iranienne. Celui-ci eut le génie de donner une interprétation tiers-mondiste du message coranique (insistant sur l'opposition entre « déshérités » et « possédants ») et d'inscrire les thèses de Karl Marx, de Jean-Paul Sartre (son ami) et de Frantz Fanon dans un référentiel islamique, voyant dans la religion musulmane le bouclier des opprimés. Il colora l'islam de marxisme en affirmant que « le devoir des musulmans est de sauver les peuples opprimés[1] ». L'ayatollah Khomeyni reprit le lexique et les analyses d'Ali Shariati et s'allia avec les communistes iraniens pour abattre le shah. On se souvient du soutien des intellectuels français de gauche (à commencer par Michel Foucault) à la révolution iranienne. Une fois au pouvoir, Ruhollah Khomeyni oublia son discours gauchiste pour se concentrer sur la dimension islamique,

1. Voir Gilles Kepel, *Jihad. Expansion et déclin de l'islamisme*, Folio Gallimard, 2003.

massacrant au passage ses anciens alliés communistes mais également les partisans de Shariati.

On peut ainsi citer le cas de Dominique Grange, égérie des anarchistes et des maoïstes. Dès 1968, dans une chanson intitulée *Les Nouveaux Partisans*, elle déclarait : « Mais tous les travailleurs immigrés sont nos frères / [...] / Vous expulsez Kader, Mohamed se dresse. »

Connaissant bien ses classiques, le trotskiste britannique Chris Harman a réactualisé en 1994 la vieille thèse de Bakou, non plus seulement pour abattre l'impérialisme dans des pays exotiques et lointains, mais pour importer l'islamo-gauchisme dans l'« Europe aux anciens parapets[1] » (selon la belle formule d'Arthur Rimbaud) et l'acclimater au contexte occidental. Pour Chris Harman, comme il l'explique dans *The Prophet and the Proletariat*[2], le prolétariat occidental s'est embourgeoisé et n'est globalement plus apte à la révolution anticapitaliste. Il faut donc lui substituer les nouveaux damnés de la terre que sont les immigrés venus des pays musulmans. Et si on veut rallier ce nouveau public à la cause révolutionnaire, il importe de se montrer complaisant envers ce à quoi il est attaché, à savoir la religion musulmane. Que ce soit dans les pays musulmans face à l'impérialisme occidental ou dans les rues européennes, Chris Harman écrit : « Sur certaines questions, nous serons du même côté que les islamistes [...] Là où les islamistes sont dans l'opposition, nous devons être avec les islamistes parfois, avec l'État jamais[3]. »

Le congrès de Bakou peut paraître loin de la France de 2024. Mais n'oublions pas que Sadri Khiari,

1. Arthur Rimbaud, *Le Bateau ivre*, rédigé en 1871.

2. Chris Harman, *The Prophet and the Proletariat : Islamic Fundamentalism, Class and Revolution*, 1994.

3. *Ibid.*

le théoricien des Indigènes de la République, fut longtemps en Tunisie un militant trotskiste de la Quatrième Internationale...

Les contradictions du gauchisme culturel

La substitution de la figure de l'immigré à celle du prolétaire s'inscrit dans ce que Jean-Pierre Le Goff nomme le « gauchisme culturel[1] », c'est-à-dire une certaine tonalité culturelle qui ne se cantonne pas aux seules forces de gauche, mais irrigue de nombreux pans de la société, valorisant la différence, la tolérance, le droit des minorités, l'hédonisme, l'éducation permissive, le refus de l'autorité...

Mais en portant au pinacle les immigrés et leur droit à la différence, le gauchisme culturel aboutit à une série d'impasses.

Tout d'abord, cette ligne braque les classes populaires autochtones et les pousse à se tourner par réaction vers les candidats populistes. Gauchisme culturel et populisme sont les deux faces d'une même médaille, le premier nourrissant le second. Un exemple caricatural de cette logique a été donné aux États-Unis, où la conversion d'Hillary Clinton au gauchisme culturel a conduit bon nombre d'ouvriers, traditionnellement électeurs du Parti démocrate, dans les bras de Donald Trump, lui assurant la victoire.

Le « gauchisme culturel » tente de s'adresser à toutes les minorités et s'implique dans toutes les questions sociétales (féminisme, question LGBT, etc.). Toutefois, il existe une incompatibilité radicale dans la séduction

1. Jean-Pierre Le Goff, « Du gauchisme culturel et de ses avatars », *Le Débat*, 4e trimestre 2013.

des différentes minorités. Au-delà de la simple question de l'islamisme, les populations issues de l'immigration extra-européennes sont marquées par un plus grand conservatisme sociétal. En 2019, un sondage Ifop révélait que 63 % des musulmans considèrent l'homosexualité comme une « maladie » ou une « perversion diabolique », contre 20 % chez les catholiques pratiquants et 10 % chez les « sans religion[1] ». Le président François Hollande en avait d'ailleurs fait les frais : en 2014, sa ministre de l'Éducation nationale, Najat Vallaud-Belkacem, voulut mettre en place un programme, les « ABCD de l'égalité », destiné à lutter contre les « stéréotypes de genre ». Elle dut reculer face à la fronde de parents musulmans. L'une des principales meneuses de cette contestation était Farida Belghoul, ancienne militante antiraciste, qui avait connu ses premiers engagements à la suite de la Marche des Beurs. Dans certaines communes à forte population immigrée, la politique sociétale menée par le PS au pouvoir conduisit à la perte de mairies socialistes, conquises par des forces de centre droit aux élections municipales de 2014.

Enfin, il existe une incompatibilité profonde entre le modèle communautariste et l'idée d'un État providence aussi généreux que celui de la France. Comme l'a bien vu le politologue américain Robert Putnam, engagé à gauche et défenseur de la protection sociale, l'excès de diversité culturelle sape la confiance et la solidarité au sein de la nation, créant un malaise civique. Quand une société n'est plus suffisamment homogène, les différentes communautés refusent de financer le système de

1. Louis Nadau, « Sondage : sur l'homosexualité, un gouffre sépare les musulmans du reste de la population », *Marianne*, mis en ligne le 26 juin 2019.

protection sociale et de payer les unes pour les autres. Ce n'est pas un hasard si les pays qui ont fait des choix communautaristes (comme les nations anglo-saxonnes) sont des pays libéraux, où la protection sociale est moins généreuse qu'en France, pays de tradition assimilationniste. Au Danemark, le gouvernement de gauche social-démocrate a opté pour une politique très dure sur les questions d'immigration et d'assimilation, car il estime que c'est le seul moyen de sauver un système de redistribution menacé par le multiculturalisme. Entre le droit à la différence et l'État providence, il faut choisir.

Un retour aux sources

C'est finalement un drôle de destin pour la lutte des classes que de se muer en « lutte des races », ce qui sonne comme un retour aux sources.

En effet, au XVIIIe siècle, le comte de Boulainvilliers théorisa la lutte des races. Pour ce défenseur de l'aristocratie, la France se divisait en deux races ennemies : le tiers état – descendant des Gallo-Romains – et la noblesse – descendante des envahisseurs francs et dont le pouvoir était légitime en vertu du droit de conquête. Dans cette perspective, les rois francs, depuis Clovis, se seraient alliés avec le tiers état gallo-romain pour renforcer leurs pouvoirs monarchiques et dépouiller peu à peu la noblesse. Au début de la Révolution, le révolutionnaire Sieyès, puis, au XIXe siècle, l'historien romantique Augustin Thierry reprirent cette vision, mais en la renversant : alors que Boulainvilliers plaidait pour la noblesse, Sieyès et Thierry défendaient le tiers état, seul vrai peuple national, voyant dans l'aristocratie une race étrangère à abattre. De même, Thierry voyait dans l'histoire de l'Angleterre médiévale l'affrontement socio-racial des Saxons, la race du peuple conquis, et des Normands, la race des aristocrates conquérants[1].

C'est dans la lecture d'Augustin Thierry que Karl Marx trouva l'idée de lutte des classes : il reprit l'idée d'une lutte entre deux pôles antagonistes, mais gomma sa dimension ethnique pour lui substituer une dimension purement sociale et économique. Gallo-Romains et Francs se muèrent en prolétaires et bourgeois, sans coloration ethnique particulière.

De 1789 aux années 1980, deux thèmes dominèrent la politique occidentale : la nation et la classe. Depuis, la nation s'efface. Comme l'être humain a besoin d'un sentiment d'identité et d'appartenance, et comme la nation ne le lui fournit plus, il satisfait désormais ce besoin à travers le communautarisme, l'ethnie ou la religion. Plus la nation régresse, plus des formes d'appartenance groupale inattendues et perverses émergent. Il en va de même pour la classe : au fur et à mesure que sa place régresse dans le discours politique, elle se voit remplacée par le thème de la race, qui reprend sa place initiale. Le risque aujourd'hui est de voir la séquence historique nation-classe se refermer, comme si elle n'avait été qu'une parenthèse.

---

1. Voir Michel Foucault, « *Il faut défendre la société* », 1997, EHESS/Gallimard/Seuil, 1997, et Marcel Gauchet, « Les *Lettres sur l'histoire de France* d'Augustin Thierry » dans *Les Lieux de mémoire* (dir. Pierre Nora et Charles-Robert Ageron), Gallimard, 1997.

7

La repentance, un ethnocentrisme blanc

Le rire du boxeur

Jean Carrillo est ce qu'on a coutume d'appeler un « personnage ». Avec un fort accent toulousain et un franc-parler à toute épreuve, il a lancé une chaîne YouTube consacrée aux sports de combat, et qui connaît un grand succès. Ancien champion de boxe thaïlandaise, entraîneur de talent, il a quitté la France en 1996 et ouvert sa propre salle de boxe thaï aux États-Unis, à Los Angeles. Dans son club, les pratiquants sont de tous les milieux et de toutes les origines : Blancs, Asiatiques, Noirs, Latinos surtout… Certains vivent dans des quartiers très durs, et plusieurs ont connu la prison.

En 2021, dans une de ses vidéos, Carrillo se dirige vers un de ses boxeurs, dont il nous dit qu'il a eu un passé très difficile. L'athlète, d'une carrure impressionnante, est noir. Le coach se contente de lui dire « *Black Lives Matter* » en souriant. Le boxeur éclate alors d'un grand rire tant ce mouvement, pourtant si médiatisé, lui paraît être une imposture, qui ne défend pas du tout les Noirs pauvres.

En effet, depuis ses origines, le néo-antiracisme développe une vision victimaire, fondée sur la repentance blanche, mais pétrie de contradictions. Celles-ci ont éclaté au grand jour dans le cadre du mouvement américain Black Lives Matter.

Un problème américain bien réel

Lors de la mort de George Floyd, en mai 2020, nous avons vu fleurir un peu partout le slogan « *Black Lives Matter* », inventé en 2013. Ce slogan est juste : les vies noires comptent (toutes les vies humaines, d'ailleurs). Et les vies noires reçoivent – hélas – moins d'attention que les vies blanches, surtout lorsqu'elles vivent loin de nous. Ne le nions pas. Pourquoi le paludisme suscite-t-il si peu d'intérêt alors qu'il tue 500 000 personnes par an et qu'un enfant en meurt toutes les deux minutes ? Tout simplement parce que les victimes ont le triple tort d'être pauvres, de ne pas être blanches et d'habiter un continent lointain.

Le slogan a également eu le mérite de dénoncer les dérives criminelles de certains policiers aux États-Unis. Le 25 mai 2020, à Minneapolis, dans le Minnesota, George Floyd, père de famille afro-américain, est arrêté. Immobilisé pendant plus de huit minutes avec le genou d'un policier sur la nuque, il signale qu'il ne peut pas respirer (« *I can't breathe* »). Il finit par succomber. Deux mois plus tôt, en mars, l'ambulancière noire Breonna Taylor était tuée de huit balles par des policiers qui avaient fait irruption en pleine nuit dans son domicile par erreur. Ils étaient venus arrêter son voisin, voisin dont on découvrira ensuite qu'il n'habitait plus l'immeuble depuis plusieurs semaines et était déjà en prison à ce moment-là pour un autre motif. En août 2014, dans le Missouri, Michael Brown, un Afro-Américain de 18 ans, était abattu par la police alors qu'il n'était pas armé, ne présentait aucune menace et avait levé les mains. L'abandon des poursuites contre l'auteur des tirs avait déjà provoqué une grande vague de colère. Aux États-Unis, le problème est donc bien réel et structurel, même s'il ne concerne qu'une minorité de policiers.

Cependant, si la cause est parfaitement juste, des dérives ont pu avoir lieu. En 2022, l'un des responsables de la fondation Black Lives Matter, Shalomyah Bowers, est accusé d'avoir détourné 10 millions de dollars de dons. Quant à la cofondatrice du mouvement, Patrisse Cullors, elle a acheté une luxueuse maison pour 1,4 millions de dollars à Los Angeles... dans un quartier huppé très majoritairement blanc[1].

Indignation sélective

Pourtant, paradoxalement, il n'est pas certain que la vague d'indignation actuelle, parfaitement légitime en elle-même, redonne une vraie visibilité à la vie des Noirs, tant il existe un décalage extraordinaire entre les réactions médiatico-émotionnelles et la réalité.

Par exemple, en septembre 2019, en Afrique du Sud, de violentes émeutes xénophobes ont éclaté à Johannesburg et Pretoria. Des Sud-Africains noirs se sont emparés de pierres et de barres de fer, puis ont attaqué des campements de migrants où vivaient des réfugiés zimbabwéens. Ils ont également pillé des boutiques tenues par des Nigérians et des Congolais. De nombreux morts furent à déplorer, parfois brûlés vifs avec

1. D'après le site Data USA, ce quartier (Topanga Canyon) est habité à 71 % par des Blancs (non-hispaniques) et à 1,7 % par des Noirs. « Les Blancs y sont au moins six fois plus nombreux que n'importe quelle autre communauté. »

un pneu et de l'essence. Notons au passage que ce type de violences xénophobes est récurrent en Afrique du Sud. Par ailleurs, la police sud-africaine (essentiellement composée de Noirs depuis la fin de l'apartheid) est une police extrêmement brutale : tous les jours, des Sud-Africains noirs meurent dans des conditions proches de celles de George Floyd. Pourtant, curieusement, nous entendons très peu parler de cela, et à aucun moment nous n'avons vu d'indignation en Occident. Pas de manifestations. Pas de genou à terre.

Plus étrange encore, au Soudan du Sud (pays devenu indépendant en 2011), une guerre civile fait rage depuis décembre 2013 entre deux ethnies rivales, les Nuers et les Dinkas. Ce conflit – qui risque de se transformer en génocide à n'importe quel moment – a déjà fait des dizaines de milliers de morts et un million de déplacés. Tout cela dans l'indifférence générale. Et le conflit qui a opposé le gouvernement éthiopien, aidé par l'implacable dictature de l'Érythrée et la Turquie d'Erdogan, aux rebelles de la province du Tigré, de 2020 à 2022, a fait un demi-million de morts. Presque personne n'en a parlé.

Il en va de même pour le Nord-Kivu : cette province de l'est de la république démocratique du Congo ne cesse de s'enfoncer dans le cauchemar et dans l'enfer d'une guerre qui dure depuis 1998 et a déjà fait plusieurs millions de morts[1]. Et ce, sans déclencher la moindre émotion dans nos sociétés. En un mois, les médias ont consacré

1. France Inter, « Six millions de morts au Congo », émission « Partout ailleurs », 20 novembre 2014. Le nombre de morts a encore augmenté depuis. On compte aussi plusieurs millions de déplacés internes et de réfugiés. Le colonialisme à l'origine de cette guerre n'est pas celui des Occidentaux, mais celui du Rwanda voisin qui exerce une action prédatrice sur les ressources naturelles congolaises et soutient différentes milices, dont la sanglante rébellion M23.

bien plus d'attention à la mort de George Floyd, et à ses conséquences directes et indirectes, qu'ils n'en ont porté à la guerre du Kivu. Ils sont aussi parfaitement silencieux sur la famine qui a touché l'Afrique juste après la mort de George Floyd (à cause des invasions de criquets et des désordres logistiques et économiques créés par la crise du confinement) et qui a frappé des millions de personnes, dont des centaines de milliers d'enfants. Pour l'instant, les médias ne s'intéressent à la vie des Noirs que quand ils sont tués par des Blancs (ce qui est, en fait, statistiquement très rare). Et cela contribue à invisibiliser encore davantage la vie des Noirs.

Ce constat ne se limite d'ailleurs pas à l'Afrique. Comme nous l'avons déjà dit, aux États-Unis, 93 % des Noirs victimes d'un homicide sont tués par d'autres Noirs. Et sur la petite minorité restante, beaucoup sont tués par des Latinos dans le cadre du trafic de drogue. S'il est normal de condamner le meurtre ignoble et tragique de George Floyd, il est curieux de voir nombre de personnes s'en prendre à la police américaine dans son ensemble et ne rien dire sur les gangs qui tuent bien plus de Noirs (et de manière bien plus « systémique ») que ne le fait la police. Si nous pensons véritablement que « *Black lives matter* », alors nous devons nous intéresser à toutes les vies noires, et non sélectionner une toute petite minorité d'entre elles à cause d'arrière-pensées idéologiques.

La repentance, ou comment rester au centre du jeu

Derrière cette volonté de ne s'intéresser aux Noirs que lorsqu'ils sont tués par des Blancs, il existe un véritable arrière-fond raciste, non seulement antiblanc, mais aussi et surtout antinoir : la vie des Noirs n'aurait d'intérêt que quand elle viendrait valider l'idée d'un « racisme systémique » des sociétés occidentales.

Une telle vision est en fait le fruit de l'ethnocentrisme délirant qui caractérise l'Occident. Celui-ci pense qu'il est le centre de l'histoire, que tout tourne autour de lui, et que tout ce qui arrive dans le monde (bon ou mauvais) est de son fait. Dans le passé, cette « folie des Blancs[1] » (pour reprendre une expression inventée par l'écrivain André Malraux) a poussé l'Occident à se croire supérieur aux autres civilisations, à broyer la diversité du monde, et à coloniser une bonne partie du globe. Aujourd'hui, le même ethnocentrisme pousse certains à considérer que l'Occident est la source de tous les maux. Dans la vision ethnocentrique, peu importe que l'Occident soit défini comme supérieur (la colonisation) ou comme coupable (la repentance), il doit toujours être le pivot de l'histoire. Rien ne saurait arriver en dehors de lui. L'Occident a beaucoup de mal à admettre qu'il n'est qu'une civilisation comme les autres, et parmi d'autres : il préférera même, parfois, s'enfermer dans la repentance et dans une culpabilité imaginaire (qui lui permettent de rester l'acteur central) plutôt que de le reconnaître. Égocentrique, il ne s'intéresse à la vie des Noirs que quand ce sont des Blancs qui sont les assassins. Comme l'écrit l'historien Gabriel Martinez-Gros :

> Nous, Occidentaux, avons été les maîtres du monde et, même si ce n'est plus le cas, nous continuons à réfléchir ainsi. [...] On pose une équivalence entre histoire et Occident. Selon cette logique, toute l'histoire, surtout

---

1. André Malraux, *La Voie royale*, Grasset, 1930. Le roman se passe dans l'Indochine coloniale.

quand elle est criminelle, est faite par l'Occident. Lorsque quelque chose de mal se passe, c'est donc l'Occident qui est responsable. Comme si rien ne pouvait advenir sans nous. Or, ce n'est absolument pas le cas. Notre impérialisme absolu sur l'histoire nous conduit à une culpabilisation absolue de nous-mêmes et à une victimisation tout aussi absolue d'autrui[1].

Le plus grand paradoxe est que la mouvance « décoloniale », qui constitue la pointe avancée des événements actuels, n'a absolument pas décolonisé son imaginaire et continue d'imaginer que le « grand méchant Occident » est à l'origine de tous les maux dont souffre le monde. Or, une telle vision, en plus d'être totalement fausse sur le plan factuel, est paternaliste : elle infantilise les populations non blanches et les dépossède de leur histoire, de leur parole, de leur action. On l'a bien vu dans certaines vidéos publiées au moment où la fièvre du Black Lives Matter battait son plein. À Chicago par exemple, une femme noire s'oppose aux militants de l'ultra-gauche, déclarant : « Chaque jour des jeunes Noirs sont tués par des gangs à Chicago. Où sont les militants de Black Lives Matter ? Quand des Noirs tuent des Noirs, les militants BLM ne viennent pas faire ce bazar[2]. » Une militante (blanche) lui fait alors la leçon et lui répond de manière surréaliste, complètement déconnectée des réalités du ghetto noir, où les meurtres intracommunautaires sont en effet quotidiens ; elle lui répond donc dans un jargon d'universitaire : « Mais que faites-vous de l'oppression systémique[3] ? » De même, on a

1. Gabriel Martinez-Gros, « La violence de Daech se nourrit de notre désarmement », *Libération*, mis en ligne le 13 septembre 2016.
2. Voir la vidéo YouTube postée par la chaîne VA Plus le 2 juillet 2020 : « Ces Noirs qui rejettent les mensonges de #BlackLivesMatter ».
3. *Ibid.*

vu des militants décoloniaux (blancs), qui voulaient déboulonner la statue de Frederick Douglass (ancien esclave noir et militant abolitionniste !), s'opposer à des guides touristiques noirs, qui eux ont vaillamment défendu la statue. Si elles n'étaient accompagnées d'explication, de telles images feraient vraiment penser que les manifestants sont des suprémacistes blancs racistes, et non des militants de gauche agissant au nom de l'antiracisme et prétendant que « *Black lives matter* ». Mais cette ressemblance n'a rien d'un hasard, car suprémacistes blancs et militants décoloniaux partagent le même imaginaire ethnocentrique selon lequel l'homme blanc serait au centre de tout, ce qui prive mécaniquement les Noirs de toute histoire autonome. C'est ce qu'a bien souligné, en France, l'écrivaine (noire) Tania de Montaigne, fustigeant le concept de « privilège blanc » défendu par l'autrice et militante décoloniale (blanche) Virginie Despentes. Tania de Montaigne voit dans cette notion un fantasme raciste. Sous prétexte d'antiracisme, on réédite inconsciemment le discours raciste traditionnel de la hiérarchie des races, plaçant les Blancs au sommet d'une pyramide, et faisant des non-Blancs d'éternels mineurs, toujours victimisés, et qui devraient être aidés avec condescendance[1].

L'idée d'une dette dont les Occidentaux devraient s'acquitter ne tient pas. D'une part, ce ne fut qu'une toute petite minorité de gens qui furent engagés dans ces processus. La grande masse paysanne européenne du XVIIe et du XVIIIe siècle n'a rien eu à voir avec l'esclavage. Pas plus que les paysans, artisans, boutiquiers, ouvriers ou mineurs du XIXe siècle n'ont eu quelque chose à voir avec la colonisation. D'autre

1. Voir l'intervention de Tania de Montaigne dans l'émission *C Politique*, sur France 5, le 7 juin 2020.

part, les statuts de coupable et de victime sont des réalités individuelles, qui ne sauraient se transmettre héréditairement. Les descendants d'esclaves ne sont pas esclaves. Si, en 1789, la Révolution a mis fin aux privilèges que les nobles tenaient de leurs ancêtres indépendamment de tout mérite personnel, ce n'est pas pour ériger aujourd'hui de nouveaux privilèges fondés sur la souffrance des générations passées. À ce sujet, les apôtres de la repentance feraient bien de relire Frantz Fanon, psychiatre antillais, militant de gauche anticolonialiste et antiraciste, qui rejoignit le FLN (Front de libération nationale), durant la guerre d'Algérie :

> Je n'ai pas le droit, moi homme de couleur, de souhaiter la cristallisation chez les Blancs d'une culpabilité envers le passé de ma race. Je n'ai pas le droit, moi homme de couleur, de me préoccuper des moyens qui me permettraient de piétiner la fierté de l'ancien maître. Je n'ai ni le droit ni le devoir d'exiger réparation pour mes maîtres domestiqués. [...] Je ne suis pas esclave de l'esclavage qui déshumanisa mes pères[1].

La repentance rate ainsi souvent sa cible. En juillet 2005, la France présenta ses excuses pour la répression musclée de l'insurrection de 1947 à Madagascar. Le général Bigeard, qui a bien connu la Grande Île puisqu'il y habita alors qu'il commandait les forces armées françaises de l'océan Indien, faisait ce commentaire :

> Mais pourquoi aller se coucher comme ça, alors que tout le monde sait qu'il s'agissait d'une autre époque ?

1. Frantz Fanon, *Peaux noires, masques blancs*, 1952, Seuil. Pour une bonne compréhension de Fanon, on se reportera à l'ouvrage de Kévin Boucaud-Victoire, *Frantz Fanon. L'antiracisme universaliste*, Michalon, 2023.

Pourquoi éprouver le besoin de se repentir, quand les autres ne le font pas, quand les autres, de plus, ne l'exigent pas et comprennent mieux la situation que nous ne la comprenons nous-mêmes ? La réponse du président malgache Ravalomanana en est la meilleure preuve : « C'est du passé. Je suis né en 1949, et non en 1947. Je pense à l'avenir. Ce n'est pas une source de blocage pour travailler ensemble[1]. »

En Afrique du Sud, le président Nelson Mandela avait préféré l'unité et la réconciliation nationale à la repentance et à la culpabilisation. Pour assurer la concorde de son pays, il apporta son soutien à l'équipe nationale de rugby, alors que ce sport était perçu comme celui des Blancs durant l'apartheid. L'Afrique du Sud remporta la coupe du monde dans une grande ferveur populaire[2]. Hélas, cette politique fut abandonnée par ses successeurs qui firent le choix de la démagogie et ciblèrent les fermiers blancs : aujourd'hui, beaucoup s'exilent, ce qui est une catastrophe pour le bon fonctionnement du pays.

L'injustice des excuses unilatérales

La repentance achoppe sur une difficulté majeure : le caractère pluriethnique de nombreux États issus de la décolonisation. Souvent, s'excuser auprès de gouvernements revient à s'excuser uniquement auprès d'une ethnie dominante et à faire injustice aux ethnies opprimées. En 2013, l'ambassadeur des Pays-Bas a présenté ses excuses au gouvernement indonésien pour l'action de l'aventurier hollandais Raymond Westerling durant

1. Général Bigeard, *Adieu ma France*, Éditions du Rocher, 2006.
2. C'est le thème du film *Invictus*, de Clint Eastwood.

la guerre d'indépendance (1945-1949)[1]. Mais l'ambassadeur n'a-t-il pas oublié de demander aux dirigeants indonésiens musulmans de présenter leurs excuses pour le génocide des militants communistes en 1965 (qui fit entre 500 000 et 3 millions de morts) ? pour les massacres commis contre les habitants du Timor oriental ? pour la persécution des chrétiens des Moluques, des papous animistes, des hindous, des Chinois d'Indonésie et des différentes minorités ethniques ou confessionnelles que compte l'archipel ?...

Il en va de même avec la mode inepte qui consiste à « restituer » aux pays décolonisés les objets d'art qui ont été pris lors de la colonisation et installés dans les musées européens. Cette pratique, encouragée par le président Emmanuel Macron, ne tient pas compte des réalités locales, encourage l'indigénisme en France (alors qu'on prétend lutter contre le séparatisme) et contredit le principe d'inaliénabilité du patrimoine national, pourtant en vigueur depuis l'édit de Moulins de 1566. D'une part, on rend parfois à des gouvernements centraux des objets qui sont en fait l'œuvre d'ethnies minoritaires persécutées par ces mêmes gouvernements. Ces peuples préféreraient que leurs créations restent dans nos collections plutôt qu'elles soient livrées à des États qui les persécutent, cherchant justement à détruire leur culture. D'autre part, ces pays, souvent pauvres et corrompus, ne disposent pas des infrastructures muséales nécessaires pour bien accueillir et conserver ce patrimoine, qui serait bien mieux protégé et mis en valeur dans des musées occidentaux ou japonais. Il n'est pas rare de retrouver de tels objets, quelques semaines après leur « restitution », dans la vitrine des antiquaires et des

1. Lire aussi Dominique Venner, *Westerling. Guérilla story*, Hachette, 1977.

brocanteurs, ou sur le marché noir de l'art, après que des fonctionnaires locaux malhonnêtes les ont revendus. Didier Rykner, directeur de *La Tribune de l'art*, s'indigne à juste titre : « Quelle condescendance de ne voir les Africains que comme des victimes ! L'empereur Behanzin, dont la France va donner les trésors au Bénin, était un esclavagiste. Il avait incendié son palais. Des soldats français ont sauvé les œuvres, dont certaines avaient été pillées par lui. [...] Refuser les restitutions ne signifie pas refuser les coopérations, les expositions et les prêts[1]. »

Réalités de l'esclavage

Il en va de même dans les discours sur l'esclavage et la colonisation. Comme le souligne, dans les colonnes du *Figaro*, l'historien Pierre Vermeren : « La guerre et l'esclavage appartiennent de manière continue à la longue histoire des sociétés humaines. [...] Aujourd'hui, il subsiste près de 46 millions d'esclaves dans le monde, dont la moitié en Asie (Chine, Inde et Pakistan), une bonne partie en Afrique, au Sahel notamment. Les sociétés de la péninsule Arabique sont également concernées[2]. »

Au Mali, pays où la France est intervenue militairement en 2013 pour soutenir le gouvernement, on compte aujourd'hui 300 000 esclaves et rien dans la législation malienne ne criminalise cette pratique. Le phénomène de l'esclavage pour dettes existe aussi en Amérique latine (Guatemala, Nicaragua, Colombie, Brésil, etc.).

---

1. Judith Waintraub, « La France doit-elle renvoyer en Afrique les œuvres africaines de ses musées ? », *Le Figaro*, 16 octobre 2020.

2. Pierre Vermeren, « Traite des Noirs et esclavage, la mémoire hémiplégique », *Le Figaro*, 1er juillet 2020.

La figure emblématique de cette réalité contemporaine est le jeune chrétien pakistanais Iqbal Masih. Vendu à l'âge de 4 ans, il passa son enfance à travailler, dans des conditions inhumaines, dans une fabrique de tapis. Ayant pu s'enfuir et alerter l'opinion internationale, il fut abattu, en 1995, à l'âge de 12 ans, vraisemblablement par la « mafia du tapis ». Curieusement, les États-Unis semblent plus concernés par l'esclavage qu'ils ont aboli depuis plus de cent cinquante ans que par ce qui se déroule aujourd'hui sur le sol de leur allié pakistanais, pays qu'ils subventionnent et soutiennent à bout de bras.

Et Pierre Vermeren nous rappelle qu'en ce qui concerne l'esclavage africain il a existé trois traites distinctes : la traite européenne à destination des Amériques, la traite arabo-musulmane et la traite interne à l'Afrique subsaharienne (qui continue encore aujourd'hui et qui fut combattue jadis par les colonisateurs français et britanniques, la colonisation ayant globalement eu lieu après que ces deux pays eurent aboli l'esclavage).

Odieuse, la traite transatlantique fut toutefois la moins longue et la moins massive. C'est ce que démontra en 2004 l'historien Olivier Pétré-Grenouilleau dans un ouvrage intitulé *Les Traites négrières*[1], titre au pluriel révélateur. Documentant avec objectivité, et condamnant avec la plus grande fermeté, la traite vers l'Amérique, il souligna qu'elle fut la moins meurtrière des différentes traites : « Au poncif raciste blanc – l'Occident civilisé face aux sauvages noirs – a succédé l'image tout aussi déformée de bourreaux uniquement blancs face à des Noirs uniquement victimes[2]. » Ces

1. Olivier Pétré-Grenouilleau, *Les Traites négrières. Essai d'histoire globale*, Gallimard, 2004.

2. Olivier Pétré-Grenouilleau, « Traite négrière : les détournements de l'histoire », *Le Monde*, 5 mars 2005.

deux visions opposées partagent la même matrice : se croire au centre de tout, en bien comme en mal.

La traite transatlantique impliquait des Africains qui vendaient aux Européens les captifs issus de tribus rivales, car on oublie trop souvent de dire que si des Européens ont acheté des esclaves, c'est bien que quelqu'un les leur avait vendus sur place. Cela est montré avec humour dans le film du réalisateur franco-ivoirien Jean-Pascal Zadi, *Tout simplement noir* : un Antillais se dispute avec un Français d'origine africaine et lui crie : « Vous nous avez vendus ! » On mesure ainsi toute la confusion des propos de Rama Yade lorsqu'elle affirme vivre comme une « microagression » de devoir passer devant la statue de Colbert : rien ne relie l'ancienne ministre, d'origine sénégalaise, à la traite transatlantique.

Les pays européens, qui s'étaient livrés à ce commerce répugnant, finirent par abolir cette pratique. On répète à satiété que Napoléon Bonaparte a rétabli l'esclavage en 1802 et qu'il ne faudrait donc plus honorer sa mémoire pour cela. Au contraire, le roman national rend à la fois hommage à Napoléon – pour son génie militaire et son œuvre administrative (et non pas pour avoir rétabli l'esclavage) – et honore le député Victor Schoelcher – pour avoir définitivement aboli l'esclavage, en 1848. C'est avec sagesse que Renaud Girard écrit : « Les deux ont leur rue à Paris, et c'est bien ainsi[1]. »

Les adeptes de la repentance ignorent surtout que Napoléon a ensuite aboli l'esclavage en 1815, dix-huit ans avant le Royaume-Uni, cinquante ans avec les États-Unis… et soixante-cinq ans avant l'Espagne. En matière d'abolition, Napoléon était donc un précurseur dans une

1. Renaud Girard, « Le wokisme, meilleur allié des dictatures », *Le Figaro*, 3 octobre 2023.

Europe qui restait largement esclavagiste[1]. Fait révélateur : le rétablissement de 1802 est souvent mentionné dans la presse ou les manuels scolaires, contrairement à l'abolition de 1815, largement passée sous silence[2].

Concernant la traite arabo-musulmane, les travaux de l'historien sénégalais Tidiane N'Diaye ont démontré que 17 millions de victimes noires furent asservies par les Arabes, parfois mutilées et assassinées, pendant plus de treize siècles, sans interruption[3]. Alors que les victimes de la traite transatlantique ont donné naissance à de nouveaux peuples sur le continent américain (Guadeloupéens, Martiniquais, Haïtiens, Afro-Américains des États-Unis, Noirs du Brésil et des Guyanes, etc.[4]), les victimes de la traite arabo-musulmane n'eurent pas cette chance, car elles ne purent globalement pas avoir d'enfants : dans ce trafic qui atteignit des proportions génocidaires, la castration des esclaves était extrêmement fréquente. Ce furent les

---

1. En 1794, la Convention abolit l'esclavage. Face à la concurrence britannique, Napoléon Bonaparte le rétablit en 1802. Il l'abolit en 1815. Louis XVIII le rétablit la même année, juste après la chute de Napoléon. En 1848, la IIe République l'abolit définitivement.

2. Sur le service public, on verra ainsi le site de Franceinfo TV occulter l'abolition de 1815 : https://www.francetvinfo.fr/culture/patrimoine/bicentenaire-de-la-mort-de-napoleon/napoleon-bonaparte-a-t-il-retabli-l-esclavage_4613259.html

3. Tidiane N'Diaye, *Le Génocide voilé. Enquête historique*, Gallimard Folio, 2017.

4. On compte ainsi plusieurs dizaines de millions de Noirs descendants d'esclaves sur le continent américain. Aux États-Unis, ils représentent 12,5 % de la population, soit environ 47 millions de personnes. Dans son ouvrage *Grammaire des civilisations* (1963), l'historien Fernand Braudel avait déjà noté que la présence massive de Noirs en Amérique prouvait que la traite transatlantique n'avait nullement été un génocide, tandis que le faible nombre de Noirs au sein des populations arabes, malgré les millions d'esclaves subsahariens asservis pendant des siècles, s'expliquait par la castration et le massacre génocidaire des esclaves par leurs maîtres.

Occidentaux qui abolirent ce système d'ampleur industrielle lors de la colonisation[1]. Aujourd'hui encore, la fragilité d'États comme le Mali ou le Niger s'explique par la haine qui oppose les Touaregs au nord, anciens « razzieurs » d'esclaves, et les Noirs au sud. De même, les massacres commis par le gouvernement soudanais, arabe, contre les populations noires du Darfour, pourtant aussi musulmanes, jusqu'à aujourd'hui, avec un bilan de 300 000 morts et 2 millions de déplacés, et contre celles du Soudan du Sud, chrétiennes et animistes, jusqu'à l'indépendance de la région, en 2011, puisent leurs racines dans ce passé raciste et esclavagiste.

Les routes de la traite islamique étaient nombreuses : transsaharienne et sahélienne en direction du Maghreb, nilotique vers le Soudan et l'Égypte, et la moins connue, la traite zanzibarite qui saigna toute la région des lacs. Véritable « Auschwitz de la traite[2] », « Zanzibar possède un grand marché aux esclaves – créé en 1811 – dont le spectacle bouleverse l'explorateur britannique Speke du fait de l'extrême brutalité de traitement des esclaves[3] ». À cette époque, la ville comptait 200 000 esclaves sur 300 000 habitants. Quelque 50 000 personnes furent vendues chaque année, ce qui, avec le commerce de l'ivoire, faisait de Zanzibar une place prospère et connue dans le monde entier. Dans les plantations qui entouraient la ville, environ un tiers des

1. Notons l'exception de la Tunisie, où le dey abolit l'esclavage en 1846. Bien acceptée dans les villes, cette décision est rejetée à Djerba, dans les campagnes et par les bédouins. C'est la colonisation française qui, en 1890, rend effective la décision du dey sur tout le territoire.

2. Jean-Marc Barreau et Guillaume Bigot, *Toute la géographie du monde*, Fayard, 2007.

3. Marie-Claude Barbier Mosimann, « La traite arabo-musulmane est volontairement occultée dans les mémoires de l'esclavage », site FigaroVox, article mis en ligne le 11 mai 2021.

esclaves mourait chaque année du fait de la dureté des conditions de travail. Cette période laissa des traces : quand Zanzibar fit sa révolution en 1964, plusieurs milliers d'Arabes furent massacrés par les Noirs[1].

Dans un ouvrage paru en 2007 et intitulé *L'Esclavage en terre d'islam. Un tabou bien gardé*, l'anthropologue et islamologue franco-algérien Malek Chebel démontra la continuité entre le vieil esclavage arabe pluriséculaire et les nouvelles formes de racisme et de servitude qui sévissent à l'encontre des Noirs dans le monde musulman. Il soulignait que l'esclavage n'est pas l'apanage de mauvais Blancs, négriers patibulaires ou planteurs cyniques sans foi ni loi, mais la pratique la mieux partagée de la planète, constituant un phénomène quasi universel. Pour Chebel, il y a eu contradiction entre la théorie théologique et la réalité pratique : alors que l'islam interdit, selon lui, de réduire quiconque en esclavage, croyant ou non-croyant, blanc ou noir, une authentique culture esclavagiste s'est pourtant paradoxalement greffée sur l'islam. Cette réalité nourrit encore aujourd'hui un profond racisme dans le monde arabo-musulman.

L'arabe maghrébin regorge de termes péjoratifs pour désigner les Noirs : *kahlouch*, *kehl*, *abeed* (qui signifie « esclave » !), etc. En novembre 2012, la célèbre revue marocaine *Maroc Hebdo*, s'inquiétant de l'immigration africaine, faisait sa une sur le « péril noir ». En 2017, CNN révèle que des migrants noirs sont vendus comme esclaves en Libye. Le scandale est immense. Sur les réseaux sociaux, on voit fleurir les badges de soutien aux esclaves. Puis le dossier retomba dans l'obscurité. En 2019, l'élection d'une Miss Algérie à la peau trop foncée déclencha un déferlement de haine raciale sur les réseaux sociaux algériens.

---

1. *Ibid.*

Les pays arabes sont impitoyables envers les migrants subsahariens. Il est tout à fait normal que ces États protègent leurs frontières et régulent les flux migratoires. Mais l'extrême brutalité des méthodes pose question : légitime protection des frontières ou racisme décomplexé ? En août 2023, des gardes-frontières saoudiens tirèrent sur des migrants éthiopiens, en tuant plusieurs centaines, et forcèrent les survivants à enterrer les corps. Au Maghreb et dans les pays du Golfe[1], beaucoup de migrants sont exploités et brutalisés – sur les chantiers, dans la restauration ou au service des familles bourgeoises – dans des conditions qui évoquent l'esclavage.

Avec l'immigration, ce sentiment raciste a traversé la Méditerranée et s'est installé en Europe, certains Maghrébins affichant une violente hostilité envers les Noirs. De nombreux influenceurs, dont le célèbre Bassem Braïki, dénoncent à longueur de journée celles qu'ils appellent les « Beurettes à *kehls* », c'est-à-dire les filles maghrébines qui sortent avec des Noirs. En avril 2021, Mourad D., un cariste d'origine maghrébine, tabasse un livreur de pizza d'origine haïtienne. Interpellé par une femme noire après la rixe, il lui hurle : « Espèce de négresse, espèce de sale Noire. Personne te touche, même avec un bâton. [...] Pendant huit cents ans, on vous a vendus comme du bétail. [...] Je suis algérien. Nous, les Algériens, on vous vend comme du bétail, comme du maïs. » Scandaleux, son propos était un aveu conforme à la réalité historique, ce que beaucoup de militants antiracistes ne veulent pas voir.

Le 10 mai 2001 (date symbolique puisqu'elle correspond au vingtième anniversaire de la victoire de

1. Les pays du Golfe sont d'ailleurs tristement réputés pour leur exploitation inhumaine des migrants pakistanais et bangladeshis (pourtant musulmans), indiens, subsahariens, philippins, thaïlandais...

François Mitterrand, qui abolit la peine de mort peu de temps après), Christiane Taubira fit voter une loi reconnaissant la traite et l'esclavage comme crime contre l'humanité. Ce fut une excellente chose. Mais, quelques années plus tard, elle déclara qu'il était préférable de ne pas évoquer la traite négrière arabo-musulmane pour que les « jeunes Arabes ne portent pas sur leur dos tout le poids de l'héritage des méfaits des Arabes[1] ». Justifiant l'amnésie mémorielle sélective au nom des enjeux du présent, ce propos réussit le triple exploit d'être méprisant pour les millions de victimes noires, infantilisant pour les Arabes, et culpabilisant pour les Blancs, qui se voient chargés, seuls, de « porter sur leur dos tout le poids » des méfaits sur l'humanité.

Mais l'esclavage des Africains fut surtout pratiqué... par d'autres Africains, comme l'indiquent les nombreux « royaumes négriers », parfois musulmans (à la fin du XIXe siècle : les territoires du sultan Ahmadou Tall, de l'almamy Samory Touré, d'El-Hadj Omar, etc.), souvent animistes (comme le royaume du Dahomey), qui pullulaient sur le continent. Leurs esclaves étaient soit exploités sur place, soit vendus aux Occidentaux avant qu'ils n'abolissent l'esclavage, soit vendus aux Arabes. Aujourd'hui encore, de nombreuses haines interethniques découlent de cette histoire douloureuse.

En 1833, le royaume du Dahomey (Bénin actuel), à la culture si originale, protesta officiellement contre l'abolition de la traite par le Royaume-Uni. En 1862, le Peul musulman El-Hadj Omar mena un djihad particulièrement violent et réduisit en esclavage des dizaines de milliers d'esclaves dogons et bambaras. Il les fit tous castrer avant de les vendre. Ce djihadiste des temps

1. *L'Express*, 4 mai 2006.

passés, vaincu par la France, est l'idole de ceux que nous combattons aujourd'hui dans la zone des « trois frontières ». Comme le souligne l'ancien agent de la DGSE Alain Chouet :

> C'est sans doute la mémoire collective de ces exactions qui a motivé l'accueil mitigé réservé par les Maliens à l'initiative du président Macron, dans le cadre de diverses mesures de repentance vis-à-vis des anciennes colonies, de restituer au président sénégalais le sabre d'El-Hadj Omar confisqué en 1893 près de Bandiagara au Mali par le colonel Louis Archinard à la tête de son régiment colonial. Ce sabre ne devait pas beaucoup au patrimoine artistique africain puisqu'il s'agissait d'un sabre réglementaire modèle 1821 de l'armée française forgé à Klingenthal en Alsace. Ensuite il a essentiellement servi à massacrer ou à expédier en esclavage des milliers d'aïeux des actuels Maliens. On peut comprendre qu'ils n'aient pas bien compris le sens et la portée du geste à un moment où la présence de l'armée française sur place est de plus en plus contestée[1].

Là aussi, c'est la colonisation qui mit fin à cette traite intra-africaine, libéra les esclaves, et détruisit les royaumes négriers. Si la république du Congo (et sa capitale) porte toujours le nom de Brazzaville, en hommage au colonisateur Pierre Savorgnan de Brazza, c'est justement parce qu'il a affranchi des dizaines de milliers d'esclaves. La propagande coloniale de l'époque ne manqua pas de mettre en avant ses réels exploits pour tenter de convaincre une opinion publique française très réticente à l'égard de la colonisation. La IIIe République multiplia les images de Brazza brandissant le drapeau

1. Alain Chouet, *Sept pas vers l'enfer. Séparatisme islamiste : les désarrois d'un officier de renseignement*, Flammarion, 2022.

tricolore tandis que des Noirs, à qui on venait d'enlever leur carcan, se jetaient à ses pieds pour le remercier. Les sociétés anti-esclavagistes jouèrent d'ailleurs un grand rôle au sein du lobby colonial, poussant à la colonisation pour des raisons humanitaires.

À cette triple traite négrière s'ajoute la traite islamique dont les Européens furent victimes. Pendant plusieurs siècles, les Turcs raflèrent en masse de jeunes chrétiens dans les Balkans, en Roumanie et dans le Caucase. Enlevés à leur famille, coupés de tous leurs repères, convertis de force à l'islam, soumis à une discipline de fer, ils alimentaient un système d'esclaves-soldats dont étaient issus les mamelouks (qui régnèrent sur l'Égypte) et les janissaires (infanterie d'élite de l'armée ottomane). En outre, de 1475 à 1775, un million d'Ukrainiens et de Polonais furent envoyés comme esclaves vers l'Empire ottoman. La péninsule de Crimée, alors gouvernée par un khan tatar musulman, était la plaque tournante d'un vaste trafic.

Du IXe au XIXe siècle, les pirates barbaresques (dont le plus connu est Barberousse) attaquaient les bateaux européens et effectuaient des raids sur les côtes de nombreux pays pour y capturer des esclaves : Italie (sacs d'Ostie et de Rome avec pillage de la basilique Saint-Pierre en 846, de Trogir en 1123, d'Otrante en 1480, etc.), Espagne, Portugal, France, îles Britanniques, Pays-Bas, Islande (avec une razzia spectaculaire en 1627[1]), etc. L'ordre catholique des trinitaires s'était spécialisé dans le rachat de ces malheureux afin de leur rendre la liberté. L'historien américain Robert C. Davis estime que, pour la seule période 1500-1800, plus d'un million

1. L'excellent film algérien *La Dernière Reine* (2022) met en scène Barberousse et sa compagne, une prisonnière blonde, d'origine nordique et prénommée Astrid.

d'Européens furent victimes de cette traite[1]. Les exemples ne manquent pas. Capturé près d'Aigues-Mortes en 1605, le célèbre bienfaiteur catholique saint Vincent de Paul fut ainsi pendant deux ans esclave près de Tunis. Sur beaucoup de côtes européennes subsistent les tours de guet qui servaient à alerter de ces razzias. Et c'est contre les royaumes barbaresques d'Afrique du Nord que les États-Unis, tout juste indépendants et soucieux de protéger leurs bateaux, menèrent leurs premières guerres, bombardant Alger et Tripoli au début du XIXe siècle[2].

Étant donné l'atrocité des crimes de la colonisation[3], il serait malvenu de demander des excuses aux Arabes pour ces razzias. Réciproquement, toute repentance pour les crimes de la colonisation paraît vide de sens. Nous devons donc tous sortir de la repentance et de la culpabilité pour accepter la « banalité du mal » et regarder vers l'avenir.

Là encore, l'Occident ne veut pas admettre l'extrême banalité historique de la guerre et de l'esclavage. Il veut en avoir le monopole. Il préfère être pleinement coupable et se sentir ainsi toujours à part, plutôt que de se trouver commun, rangé aux côtés des autres. Ainsi les traites d'esclaves commises par d'autres, et où il n'a pris aucune part, ne l'intéressent pas. Plutôt que de lutter concrètement contre l'esclavage actuel, en Libye, au Mali, au Niger ou en Mauritanie, on préfère

1. Robert C. Davis, *Esclaves chrétiens, maîtres musulmans. L'esclavage blanc en Méditerranée (1500-1800)*, Babel, 2007.

2. Cette longue réalité historique a nourri l'imaginaire européen comme l'indique le film *Angélique et le sultan* (1968) – où Angélique est vendue par les Barbaresques – ou la rumeur (probablement infondée) qui fait de la Française Aimée du Buc de Rivery, vendue à Alger, la mère du sultan ottoman Mahmoud II, né en 1784.

3. « Enfumades » de tribus algériennes en 1844, expropriation de terres et brutalités, réquisitions pour le travail forcé, répression sanglante et stupide du 8 mai 1945 à Sétif...

se flageller, s'en prendre à Colbert, alors que le Code noir ne représente qu'une infime partie de la vie et de l'œuvre de ce grand serviteur de l'État. Les statues à son effigie honorent son rôle dans la construction de l'administration française, nullement son rôle supposé dans la traite esclavagiste, qui d'ailleurs ne posait pas de problèmes moraux aux acteurs de l'époque. Suivons Renaud Girard lorsqu'il nous dit : « C'est un crime contre l'esprit que de juger moralement une société ancienne avec les yeux d'aujourd'hui[1]. »

De même, certains militants de Black Lives Matter ont déboulonné en juillet 2020 la statue de Christophe Colomb à Baltimore, coupable d'avoir « volé » la terre des Indiens. Pensent-ils que les Indiens, avant l'arrivée des Européens, ne se faisaient pas la guerre pour se voler des territoires de chasse ? Ignorent-ils aussi que si une poignée de conquistadors espagnols a pu abattre l'Empire aztèque, c'est en partie parce qu'ils furent aidés par tous les autres peuples amérindiens de la région sur qui ces Aztèques prélevaient leur contingent de victimes pour leurs sacrifices humains ? Dans leur longue histoire, tous les peuples ont été tour à tour conquérants et conquis.

Cette tendance à surestimer le rôle de l'Occident, en bien ou en mal, touche de nombreuses questions historiques. Elle est commune aux décoloniaux de gauche, qui prônent la repentance, et à l'extrême droite. Par exemple, les croisades, dont on rappellera ici qu'elles n'eurent jamais pour but la conversion forcée de qui que ce soit, mais uniquement la défense des lieux saints de la chrétienté.

Éric Zemmour fait l'éloge des croisades et estime que Philippe le Bel eut tort de renoncer à son projet

1. Renaud Girard, « Va-t-on débaptiser Washington ? », *Le Figaro*, 6 juillet 2020.

d'expédition en Orient[1]. Il ignore ainsi que les croisades européennes sont très peu mentionnées par les historiens musulmans de l'époque et ont été un épiphénomène pour le monde islamique. La vraie catastrophe qui, à la même époque, ravagea durablement l'Orient, ce furent les invasions mongoles. On estime qu'elles provoquèrent la mort de 10 % de l'humanité, notamment en Chine et au Moyen-Orient. Les Mongols détruisirent le califat abbasside et massacrèrent la population de Bagdad, érigeant des pyramides de crâne. Pour faire bonne mesure, deux siècles plus tard, un conquérant musulman, lui aussi venu des steppes d'Asie centrale, Tamerlan, ravagea à nouveau la région, détruisant systématiquement le système d'irrigation et massacrant allégrement les populations arabes, perses et turques qu'il trouvait sur son passage. N'en déplaise aux adeptes de la repentance, à Éric Zemmour ou à Ben Laden (qui déclara la guerre « aux Juifs et aux croisés[2] »), l'Occident n'a rien à voir là-dedans[3].

Quel impact sur la vie des minorités ?

Le plus dramatique est que toutes ces actions hystériques prétendument antiracistes, qui sapent la paix sociale, n'améliorent absolument pas la cause des personnes non blanches. Si les vies noires comptent vraiment, alors, plutôt que de déboulonner des statues,

1. Éric Zemmour, *Destin français*, Albin Michel, 2018, p. 68-69.

2. Il ne s'agit nullement de comparer Éric Zemmour à Oussama ben Laden, un terroriste qui a fait plusieurs milliers de morts, mais simplement de montrer qu'ils partagent la même vision erronée des croisades.

3. Pour une vision plus claire des croisades, on se rapportera au livre de Gabriel Martinez-Gros, *De l'autre côté des croisades. L'Islam entre croisés et Mongols*, Passés composés, 2021.

les militants du Black Lives Matter (blancs pour une grande partie d'entre eux) feraient mieux d'alerter l'opinion sur les massacres interethniques en Afrique, ou d'aller sur place pour lutter contre les maladies et la famine. Ou, plus simplement, ils pourraient aller dans les ghettos noirs des États-Unis pour protester contre la tyrannie des gangs, faire du soutien scolaire pour les enfants, distribuer de la nourriture et assister la population. Il faudra bien le dire un jour : Philippe de Villiers, en mettant sur pied un programme de codéveloppement humanitaire avec le Bénin, lorsqu'il était président du conseil général de Vendée, a fait bien davantage pour les vies noires que les déboulonneurs de statues. De même, lutter contre l'alcoolisme et la toxicomanie qui font des ravages chez les Indiens d'Amérique serait plus utile que de s'en prendre au pauvre Christophe Colomb, mort il y a plus de cinq siècles.

Autre mesure contre-productive, ces universités américaines qui décident de retirer certains auteurs de leurs programmes sous prétexte que les hommes blancs y seraient trop représentés. Dans *La Révolte des élites*, Christopher Lasch remarque que ce genre de décisions, prises par certains Blancs de gauche, généralement issus de la bourgeoisie, n'améliore absolument pas la situation concrète des minorités. Il serait plus pertinent, au contraire, de garder la culture classique intacte et de la diffuser à tous. Et comme l'indique au *Figaro* Wilfred Reilly, professeur afro-américain de sciences politiques, à propos de l'hystérie actuelle : « Tout cela ne va pas améliorer les scores des minorités aux tests universitaires[1]. »

1. Wilfred Reilly, « L'esclavage ne définit pas la totalité de l'histoire américaine », interview par Laure Mandeville, *Le Figaro*, mis en ligne le 4 juin 2020.

Mais ce racisme antinoir inconscient ne se limite pas à la seule sphère « décoloniale ». Ainsi, Joe Biden, invité le 22 mai 2020 sur une radio noire, par un animateur noir, a déclaré : « Si vous n'arrivez pas à vous décider entre moi et Trump, c'est que vous n'êtes pas réellement noir[1]. » Pour Joe Biden, les électeurs noirs semblent être un troupeau de moutons, privés de tout libre arbitre politique. Pour sortir de cette logique mortifère, les acteurs politiques et médiatiques occidentaux doivent sortir de l'idéologie et de la dictature de l'émotion pour renouer avec les faits. En auront-ils le courage ?

1. Déclaration du candidat Joe Biden, le 22 mai 2020, dans l'émission *The Breakfast Club*, présentée par Charlamagne tha God, sur la radio WWPR-FM.

8

Des minorités divisées

La guerre de tous contre tous

Parfois, deux événements indépendants et sans rapport surviennent en même temps et nous frappent par leur ressemblance. Et, cette ressemblance nous instruit sur l'état de notre société.

Ce fut le cas au début de l'année 2018. Le jeudi 1er février, à Calais, une grande rixe opposait migrants afghans et érythréens. Une vingtaine de personnes furent blessées, certaines par armes à feu. La veille, à 280 kilomètres de là, à Garges-lès-Gonesse (95), des jeunes d'une cité délogeaient violemment un groupe de squatters roms qui occupaient en toute illégalité la maison de Youcef, un retraité du quartier. Cet épisode illustre à la fois la crise identitaire, la démission de l'État (incapable de rendre son bien à un citoyen), le recours à la violence privée qu'induisent une telle démission et l'importance dans les quartiers populaires de la violence, mais aussi des rapports de solidarité internes à la cité. Sur les réseaux sociaux, on pouvait lire ceci : « On dit qu'à cause de la cité, il n'y a pas de sécurité, mais c'est grâce à la cité que Youcef a récupéré sa maison ! » Il ne s'agit là que d'un énième heurt entre jeunes des cités et Roms. Déjà en 2015, le géographe Christophe Guilluy, lors de son audition par le Sénat, déclarait à propos de l'électorat maghrébin : « En analysant les résultats des dernières élections municipales, je me suis rendu compte que dans toutes les communes de Seine-Saint-Denis qui ont basculé à droite, un campement rom illégal s'était récemment installé[1]. »

On déteste souvent son voisin

Cela nous invite à nouveau à relativiser la thèse du géopoliticien Samuel Huntington sur le « choc des civilisations ». Après la chute du l'URSS, contre Francis Fukuyama qui annonçait la « fin de l'histoire », Huntington prophétisait une nouvelle période de conflits. Il avait vu juste en annonçant la montée de l'islamisme ou le réveil des crispations identitaires, amenées à remplacer les idéologies défuntes (communisme, fascisme) comme moteur de la violence politique. Mais il pensait que cette nouvelle violence identitaire prendrait la forme d'un affrontement entre civilisations : Occident contre Asie (dominée par la Chine), Occident contre monde islamique...

Or, plutôt qu'à un grand choc global entre civilisations, nous assistons à une multitude de chocs locaux à l'intérieur de chacune d'elles. Par exemple, le monde musulman est aujourd'hui déchiré par une grande guerre entre chiites et sunnites. L'Arabie saoudite préfère s'allier avec des puissances non musulmanes, comme les États-Unis ou même Israël, plutôt que de rechercher une détente avec l'Iran. Parallèlement, l'Iran

1. Disponible en ligne à l'adresse : http://blogs.senat.fr/engagement-republicain/2015/02/20/entretien-avec-m-christophe-guilluy-geographe/

recherche l'appui d'autres puissances non musulmanes, comme la Russie ou l'Inde, pour faire face à son rival saoudien. Le Maroc préfère désormais Israël à son voisin algérien[1]. De même, l'Asie ne s'est pas unie et liguée contre l'Occident. Mais au contraire, des pays comme le Japon ou le Vietnam recherchent une alliance avec les États-Unis pour conjurer le péril chinois. Cela peut paraître surprenant quand on sait que les États-Unis ont déversé plus de bombes sur le petit Vietnam que sur toute la planète durant la Seconde Guerre mondiale. Mais l'intervention américaine au Vietnam n'a duré que huit ans (1965-1973), là où l'hostilité entre Chinois et Vietnamiens dure depuis plus de mille ans. Les Américains sont partis. Ils ne réoccuperont pas Saïgon et sont loin, tandis que la Chine ne va pas déménager et restera donc un voisin inquiétant. En Asie, en Afrique ou au Moyen-Orient, c'est le voisin proche qui est l'ennemi mortel, bien plus encore que l'Occident lointain.

Avec la désoccidentalisation du monde, l'Occident devient de moins en moins un arbitre... et de moins en moins une cible. En 2001, Ben Laden était encore obsédé par les États-Unis. Mais l'essentiel de l'action de Daech fut dirigé contre les Kurdes et les chiites. En Inde, l'oppression coloniale paraît bien lointaine : le pays risque de basculer dans la guerre civile entre hindous et musulmans. Narendra Modi ne vit son interdiction de séjour aux États-Unis que lorsqu'il devint Premier ministre : Washington lui reprochait d'avoir fermé les yeux sur les pogroms antimusulmans qui firent 2 000 morts alors qu'il était gouverneur

1. Cette proximité du Maroc et de l'Arabie saoudite avec Israël a bien sûr été mise en suspens par les événements de Gaza survenus à l'automne 2023.

du Gujarat. Aujourd'hui au pouvoir, il multiplie les exactions et les discriminations contre la population musulmane, mais également contre les chrétiens et les aborigènes[1].

Modi a abandonné la tenue occidentale pour le costume traditionnel et le turban, et a troqué l'anglais contre l'hindi. Il pousse la décolonisation et la désoccidentalisation tellement loin qu'il n'a plus de grief contre l'ancien colonisateur britannique. La présence anglaise est terminée depuis longtemps. Elle ne fut qu'une parenthèse et ne risque pas de revenir. Londres est loin. Pour Modi, l'ennemi, c'est l'islam[2].

Pourquoi l'Occident perd ses guerres

Trop souvent, l'Occident est aveugle à la dimension ethnique des conflits, ce qui le pousse à l'erreur. Nous plaquons notre propre modèle d'État-nation et ne voulons pas voir que beaucoup de crises sont en

1. En Inde, il y a plus de 100 millions d'aborigènes (Adivasis). Autochtones et organisés en tribus, ils étaient présents avant l'arrivée des Indo-Européens et ne sont pas hindouistes, mais animistes (avec des conversions au christianisme). Ils sont souvent très pauvres. Certains d'entre eux ont rejoint la guérilla naxalite, d'inspiration maoïste, qui contrôle aujourd'hui une bonne partie des régions rurales et forestières du centre et de l'est du pays. Leur art est tout à fait différent de l'art indien.

2. Au XIe siècle, l'Inde fut envahie par les musulmans, qui massacrèrent plusieurs millions d'Indiens (on parle parfois de génocide) et fondèrent des sultanats durables dans le nord du pays. Au XVIe siècle, c'est Bâbur, arrière-petit-fils de Tamerlan, qui envahit le pays, commet à nouveau des massacres de masse et fonde l'empire islamique des Moghols. Pendant deux à trois siècles, cet empire resplendissant exploite et brutalise la masse hindouiste. C'est aux Moghols que l'on doit le Taj Mahal (qui est un mausolée avec mosquée), joyau culturel que des fanatiques hindouistes veulent aujourd'hui détruire. Ces extrémistes veulent effacer le passé moghol de l'Inde comme les *wokes* veulent effacer le passé de l'Occident.

fait l'expression de divergences ethniques, régionales ou ethno-confessionnelles. Ainsi la chute de la dictature libyenne a provoqué la déchirure du pays entre la Tripolitaine à l'ouest, tournée vers le Maghreb et où l'on mange du couscous, et la Cyrénaïque à l'est, tournée vers l'Égypte et où l'on mange du riz. Regroupées ensemble dans une Libye artificielle et tribale, ces deux régions ont toujours été rivales.

Au Sahel, la France avait enjoint aux autorités maliennes d'organiser rapidement des élections. Cette obsession récurrente pour l'organisation d'élections en Afrique trahit une profonde méconnaissance du terrain. Seuls 30 % des Maliens sont alphabétisés. Dans une société totalement dominée par la question de l'appartenance ethnique, les électeurs votent non pas pour un programme, mais pour un parti qui représente et défend leur ethnie. Le mécanisme est bien connu, et on le voit à l'œuvre dans de nombreux pays africains depuis la décolonisation. Dans un tel contexte, l'élection est vide de sens et aboutit à une pure arithmétique ethnique, où les ethnies majoritaires confisquent légalement le pouvoir, privant les ethnies minoritaires de tout espace politique, avec la bénédiction naïve des pays occidentaux. Les minorités ainsi exclues sont souvent poussées à prendre les armes pour défendre leurs droits[1]. Au Mali, la marginalisation des Touaregs et des Peuls par les ethnies majoritaires a nourri la rébellion. Les élections n'ont pas été une solution, mais une partie et une cause du problème.

Situation comparable en Afghanistan, où l'ethnicité est partout. La réalité géographique afghane est

1. C'est l'un des grands mérites de l'africaniste Bernard Lugan que d'avoir analysé le mécanisme pervers du processus électoral dans bon nombre de pays africains.

celle d'un pays extrêmement montagneux et morcelé, composé de vallées enclavées séparées les unes des autres, ce qui nuit au déplacement rapide des troupes motorisées occidentales. La réalité sociologique, qui découle en partie de cette réalité géographique, est celle d'un pays féodal, tribal, où la diversité ethnique et la force des liens claniques rendent illusoire la construction d'un État-nation de type occidental. Un officier français rapporte que, lors d'un séjour sur place, il a vu des fonctionnaires afghans d'ethnie pachtoune protester parce qu'ils estimaient avoir reçu des calculettes plus petites que celles de leurs collègues d'ethnie hazara. De même, le commandant Massoud (tué en 2001) est un héros pour les afghans d'ethnie tadjike. Mais il est probablement bien plus populaire et apprécié à Paris ou à Washington que chez les Afghans d'ethnie pachtoune. Cette situation était particulièrement difficile à appréhender pour les États-Unis, pays très autocentré, presque autistique, et ayant beaucoup de mal face à l'altérité culturelle. Comme l'écrit le colonel Michel Goya à propos de la formation de l'armée afghane par les Américains, « le plus sidérant a été lorsque j'ai eu entre les mains le manuel de 200 pages traduit au mot près de l'anglais au dari, conservant tous les dessins et figuratifs de l'US Army[1] ».

Les Américains souffrent d'une grave incapacité à saisir l'altérité culturelle. Pour eux, ne pas vouloir adopter leur mode de vie et leurs valeurs est incompréhensible. Cet aveuglement les empêcha de prendre en compte le morcellement communautaire de l'Irak. En effet, ce pays est divisé en trois grandes communautés : les sunnites (20 % de la population), les chiites (60 %, principalement au sud du pays), les Kurdes

1. Michel Goya, tweet du 21 août 2021.

(15 %, au nord). À la création du pays, en 1932, la puissance mandataire britannique avait remis le pouvoir à la minorité sunnite, qui l'avait exercé jusqu'à la chute de Saddam Hussein. Or, géologiquement, les principales ressources pétrolières du pays sont situées en territoire chiite et en zone kurde, mais échappent en grande partie aux sunnites. Les sunnites n'avaient pas le pétrole, mais ils avaient l'État. En perdant le contrôle de l'appareil d'État, les sunnites se retrouvaient donc subitement marginalisés. Les États-Unis commirent une autre faute majeure, au nom d'une vision moralisatrice et manichéenne de la politique. Le proconsul américain en Irak, Paul Bremer, décida de licencier l'armée irakienne et de renvoyer tous les cadres de l'ancien régime, presque tous sunnites. Détruisant lui-même l'État irakien et son appareil de sécurité, il n'eut plus rien sur quoi s'appuyer. Et il créa, parmi ces anciens militaires, une foule de mécontents armés qui s'empressèrent de rejoindre les groupes terroristes.

En Occident aussi

Dans nos sociétés occidentales multiethniques, du fait de l'immigration, cette logique d'implosion généralisée prend la forme d'affrontements violents à l'intérieur de chaque communauté minoritaire, ou entre différentes communautés minoritaires, ou entre bandes rivales de différents quartiers sensibles.

Lorsque l'on parcourt la presse régionale, on est ébahi par le pullulement d'affrontements intercommunautaires sur notre sol : Marocains contre Algériens, Maghrébins contre Roms, Maghrébins contre « gens du voyage », Maghrébins contre Africains, Maghrébins et Africains contre Chinois, Maghrébins contre Tchétchènes,

Turcs contre Arméniens, Turcs contre Kurdes, Turcs et Kurdes contre Africains, Mahorais contre Irakiens, Albanais contre Africains, Africains francophones contre Africains anglophones nigérians, Afghans contre Maghrébins, tel quartier contre son quartier rival, etc. La société multiraciale devient multiraciste.

Cette réalité était déjà bien perceptible dans les émeutes de l'automne 2005. En effet, un rapport des renseignements généraux indiquait qu'au cours des émeutes « aucune solidarité n'a été observée entre les cités, les jeunes émeutiers s'identifiant par leur appartenance à leur quartier d'origine et ne se reconnaissant pas dans ceux d'autres communes[1] ». Même schéma pour les émeutes de 2023. Si l'on suit Jérôme Fourquet :

> Il n'y a pas de nouvelle 7e *wilaya* [...] Nous n'avons vu aucune organisation structurée encadrer ces émeutiers, planifier une stratégie, coordonner les actions partout sur le territoire et donner une dimension politique à cette révolte. Les forces politiques extérieures à ce mouvement qui ont tenté de l'approcher en ont été pour leurs frais. Le député LFI Carlos Martens Bilongo, qui s'était rendu dans la soirée du 27 juin à Nanterre à la rencontre des émeutiers, fut violemment pris à partie et la convergence des luttes souhaitée par l'ultra-gauche n'a guère fait recette sur le terrain, les émeutiers préférant s'en prendre à des supermarchés ou des bureaux de tabac pour les piller plutôt qu'à des agences immobilières, « symboles du capitalisme et de la spéculation ». Les groupes qui, quant à eux, revendiquent une proximité intrinsèque avec les jeunes émeutiers, comme le parti des Indigènes de la République ou le Comité Adama-Traoré, ne sont en rien comparables à ce qu'a pu par exemple représenter le parti des Black

1. Christophe Dubois, « Le rapport explosif des Renseignements généraux », *Le Parisien*, 7 décembre 2005.

> Panthers aux États-Unis à la fin des années 1960. Pour certains Cassandre de la guerre civile (ethnique) à venir, la référence implicite n'est pas américaine, mais renvoie à une période tragique de notre histoire : la guerre d'Algérie. Durant celle-ci, le FLN s'était doté en France métropolitaine d'un appareil politico-militaire très efficace qui fut appelé la « 7e *wilaya*[1] ». Forte de plusieurs dizaines de milliers de militants, la 7e *wilaya* évinça dans des affrontements très violents qui firent plusieurs milliers de morts le MNA, organisation rivale. Une fois que son emprise fut assurée sur la population algérienne vivant en métropole, elle fit régner sa loi d'une main de fer (notamment pour assurer le paiement de l'impôt révolutionnaire) [...] Nulle trace aujourd'hui d'une organisation de ce type, ni même de son embryon. Cela ne veut pour autant pas dire que la situation n'est pas grave, loin s'en faut. Sur fond d'un sentiment profond de non-affiliation à la France et d'anomie existant dans de nombreux quartiers sensibles, les violences urbaines se déclenchent régulièrement tels des feux follets, ces inflammations de méthane émanant des zones humides et marécageuses. Leur ampleur varie, mais ce phénomène est hélas devenu récurrent en dépit des multiples « plans banlieues » et autres rénovations urbaines[2].

On mesure encore une fois les limites de nombreux éditorialistes de la droite conservatrice, plus prompts à s'indigner qu'à analyser, quand ils s'offusquèrent que LFI refuse de faire preuve de « responsabilité » en appelant au calme lors de ces émeutes. D'une part, les chefs de LFI ont fait le choix d'une stratégie agonistique, recherchant en permanence la confrontation. Il est donc tout à fait cohérent et sans surprise qu'ils

1. NDA : le FLN avait divisé l'Algérie en *siw wilayas* (districts administratifs d'action). La métropole française constituait la « 7e *wilaya* ».

2. Jérôme Fourquet, « Émeutes, premiers éléments de diagnostic », note n° 236 disponible sur le site de l'Ifop.

fassent preuve de complaisance envers les émeutiers et on voit mal pourquoi ils renonceraient à leur tactique au moment où justement se profile un chaos dont ils espèrent tirer parti. D'autre part, les émeutiers n'ont pas eu besoin de LFI pour brûler des voitures et tirer au mortier d'artifice sur les forces de l'ordre. Ils se moquent bien des avis des politiciens professionnels de la gauche radicale, comme l'ont prouvé les mésaventures de Carlos Martens Bilongo. Jean-Luc Mélenchon ne tire pas les ficelles de la banlieue. Contrairement aux fantasmes paranoïaques d'une certaine droite, ni LFI, ni le NPA, ni le groupusculaire parti des Indigènes de la République ne constituent une « 7e *wilaya* ». Que LFI soutienne les émeutiers ou appelle au calme, cela ne change rien sur le terrain.

Ni l'extrême droite ni la mouvance décoloniale ne peuvent comprendre cela. En effet, les deux extrêmes de notre échiquier politique partagent une même idée : les habitants des quartiers populaires seraient profondément unis. L'extrême gauche indigéniste pense que les habitants des quartiers populaires sont les nouveaux damnés de la terre et que leur révolte renversera l'ordre capitaliste honni. L'extrême droite pense qu'il existe une conspiration des quartiers populaires contre la France. Or, à l'opposé de cette unité fantasmée, c'est la division qui caractérise les quartiers populaires. Une division profonde et irréversible. Dans les quartiers populaires, comme ailleurs, on trouve deux types de personnes : une petite minorité de délinquants, et une masse de gens sans histoires. Les délinquants se détestent entre eux, car ils sont rivaux et concurrents. Un caïd déteste bien plus le caïd du quartier d'en face qu'il ne déteste la police. En ce qui concerne les honnêtes gens des quartiers populaires, ils sont les premières victimes des délinquants, avec qui ils doivent cohabiter dans le même quartier tout en les haïssant. On ne dira jamais assez le calvaire de la femme de ménage malienne ou algérienne qui doit baisser les yeux devant les dealers en rentrant chez elle.

Aux États-Unis, notamment du fait des guerres entre gangs et des homicides intra-familiaux, l'écrasante majorité des Noirs victimes d'homicide sont tués par d'autres Noirs. Un chiffre que les médias oublièrent de nous communiquer lorsqu'ils passèrent tout l'été 2017 à agiter le chiffon rouge des fameux « suprémacistes blancs » et à multiplier les reportages sur le Ku Klux Klan après les événements de Charlottesville.

Il ne s'agit pas d'un phénomène nouveau. Déjà, l'historien arabe Ibn Khaldoun (XIVe siècle) soulignait le morcellement des tribus de bédouins et la haine qu'elles se vouaient entre elles. Cependant la mondialisation, en fragilisant les États et en suscitant partout une grande angoisse identitaire, renforce ce phénomène.

Au XVIIe siècle, le philosophe anglais Thomas Hobbes, traumatisé par la guerre civile anglaise (une guerre politique sur fond religieux), avait théorisé la « guerre de tous contre tous », à laquelle seule l'émergence d'un État puissant et efficace pouvait mettre un terme. Il s'agissait pour l'État, comparé au monstre biblique du Léviathan, de tenir toutes les factions en respect pour les empêcher de s'entre-tuer et de plonger le pays dans le chaos par leurs luttes incessantes. Aujourd'hui, nous assistons à la montée des communautarismes et au délitement de l'État. Il est urgent de restaurer l'autorité de l'État si nous ne voulons pas voir revenir la guerre de tous contre tous.

Indignation sélective

Illustration tragique, en juin 2005, le ministre de l'Intérieur, Nicolas Sarkozy, se rend à La Courneuve (93) et parle de passer le quartier de la cité des Quatre mille « au Kärcher ». Immédiatement, on assiste à une levée de boucliers de tous les bien-pensants, scandalisés par cette formule. Ils firent peu de cas des circonstances qui avaient amené le ministre à la prononcer : la mort d'un garçonnet de 11 ans, Sid-Ahmed Hammache, tué par une balle perdue.

Six mois après, le premier mort des émeutes de 2005 fut le courageux gardien d'immeuble Salah Gaham, né dans la ville algérienne d'Annaba, et mort asphyxié à Besançon, dans le quartier populaire de Planoise, alors qu'il portait secours à des étudiants menacés par un incendie qu'avaient allumé des criminels du quartier. Un an plus tard, en 2006, la jeune étudiante sénégalaise Mama Galledou fut brûlée vive dans un bus marseillais attaqué et incendié au cocktail Molotov. En 2007, Mohammad, un Pakistanais de 44 ans, est tué par une bande à Montfermeil voulant lui voler son téléphone. De même, en 2010, un jeune homme d'origine algérienne, Mohamed Laidouni, était tué sous les yeux de sa famille par une bande des Mureaux. Sa voiture ayant été éraflée, il avait proposé de faire un constat à l'amiable. On lui avait alors répondu : « Un constat ? Tu vas pas faire ton Français ! », avant de l'assassiner. En septembre 2012, Kévin Noubissi, éducateur de 22 ans, et Sofiane Tadbirt, étudiant de 21 ans, tous les deux sans histoire, sont massacrés par une vingtaine de délinquants dans le quartier d'Échirolles, près de

Grenoble[1]. Même en les cumulant, ces blessés et ces morts ne suscitèrent pas le dixième de l'indignation qu'avait provoquée la phrase de Nicolas Sarkozy sur le « Kärcher ».

Depuis 2016, grâce à l'activisme du comité Adama, spécialisé dans les manifestations, les « marches blanches » et la vente de T-shirts, tout le monde a entendu parler de la mort d'Adama Traoré. Connu des forces de l'ordre pour recel, violences volontaires et outrages contre les forces de l'ordre, extorsion avec violences, menaces de mort, conduite sans permis, usage de stupéfiants et vol à la roulotte, il décède en 2016 lors de son interpellation par la gendarmerie. Beaucoup moins connu est le nom d'Ali Unlu, honnête chauffeur de bus, tué en 2018 par deux frères d'origine africaine pour une question de place de parking. La famille d'Ali renoncera à l'organisation d'une marche blanche de peur que des représailles ne soient exercées contre des Noirs au hasard. Aussi peu connu est le nom de Mamoudou Barry, universitaire guinéen tué sans raison par un Turc près de Rouen, en 2019. Ou celui de Mamadou Diedhiou, videur de boîte de nuit à Besançon, poignardé à mort dans le cadre de son travail par un homme d'origine maghrébine. L'invisibilisation des membres des minorités ethniques lorsqu'elles sont victimes de la délinquance, et non pas de la police, est d'ailleurs telle que je n'ai pas réussi à trouver le nom du migrant afghan tué par balle à Colmar en juillet 2022, parce qu'il avait osé se plaindre d'un rodéo qui l'importunait, et qui est simplement désigné par la presse comme « un Afghan ».

1. En 2014, le chanteur Calogero, originaire de la région grenobloise, a rendu hommage à Kévin et Sofiane dans une chanson intitulée « Un jour au mauvais endroit ».

Curieusement, le créateur Christian Louboutin, qui fit poser Assa Traoré avec les célèbres chaussures aux semelles rouges, ne fit pas appel à Ismène, infirmière d'origine africaine résidant à Sevran (93), dont le fils Olivier a été lynché, tabassé, jeté à l'eau, lardé de dix-huit coups de couteau, et dont le corps fut abandonné, nu, dans un fossé, à 200 kilomètres de chez lui… pour une sombre histoire de trottinette volée. De même, Assa Traoré fit la couverture du magazine américain *Time*… mais les parents du jeune Sofiane, décrit comme un « lycéen gentil et attachant », séquestré et tué à l'âge de 17 ans par un groupe de dealers maghrébins, n'eurent pas cette chance. Durant le procès des assassins de leur fils, ils durent quitter la salle sous les insultes de la famille des meurtriers.

En 2020, Jean-Luc Mélenchon mit le genou à terre en hommage à George Floyd. Il omit de le faire pour Kayna, fillette d'origine maghrébine, tuée par un rodéo alors qu'elle était sur un passage piéton ; ou pour Kenya, fillette noire, elle aussi grièvement blessée par un rodéo, et ayant dû passer plusieurs jours dans le coma, alors qu'elle jouait devant chez elle à Pontoise (95).

Comme l'écrit Édouard Tétreau :

> Le 27 juin 2023, Nahel Merzouk, 17 ans, inscrit au fichier TAJ (traitement des antécédents judiciaires), est tué par un policier après avoir refusé d'obtempérer, au volant d'une Mercedes Classe A jaune immatriculée en Pologne. La suite est connue : l'indignation présidentielle pour une mort « inexplicable, inexcusable ». La minute de silence exigée par Yaël Braun-Pivet à l'Assemblée nationale le lendemain matin. Le tweet au « petit ange parti trop tôt » de Kylian Mbappé. […] Lundi 21 août, un militaire français originaire de Mayotte, en permission chez sa sœur à

Nîmes, raccompagne ses neveux en voiture. Pris dans les tirs croisés d'un règlement de comptes entre trafiquants de drogue, le véhicule devient une cible. Fayed, 10 ans, touché par des tirs de kalachnikov, meurt sous les yeux de son petit frère. L'oncle, criblé de chevrotine, réussit à conduire la voiture aux urgences, où il sera sauvé. Où est l'indignation présidentielle ? Où sont les tweets des stars du foot, les « pensées et prières » depuis Los Angeles de la star franco-hollywoodienne Omar Sy ? La minute de silence ? La colère face à ces assassinats à l'arme de guerre en pleine ville ? (38 à Marseille en huit mois[1]).

Même indifférence en septembre pour Socayna, étudiante studieuse de 24 ans, tuée à Marseille par une balle perdue alors qu'elle travaillait chez elle devant son ordinateur. En décembre, un jeune homme de 16 ans d'origine turque est tué par cinq pakistanais à Limoges. Les crimes dont les personnes « racisées » sont victimes émanent infiniment plus souvent d'autres « racisés » que de l'extrême droite.

Le décalage avec la réalité devient parfois ubuesque. Le 16 mars 2020, la France se confine. Pendant plus de deux mois, un seul sujet est abordé par les médias : le Covid. Fait symptomatique de notre temps, c'est par une polémique sur le supposé racisme de la police que l'on vit réapparaître un autre thème. Le 23 mai, la chanteuse et actrice Camélia Jordana déclare : « Je parle des hommes et des femmes qui vont travailler tous les matins en banlieue et qui se font massacrer pour nulle autre raison que leur couleur de peau, c'est un fait. » Elle ajoute : « Il y a des milliers de personnes qui ne se sentent pas en sécurité face à un flic, et j'en fais partie. Aujourd'hui j'ai les cheveux défrisés, quand

1. Édouard Tétreau, « Enfant tué à Nîmes, où sont passés les indignés ? », *Le Figaro*, 28 août 2023.

j'ai les cheveux frisés, je ne me sens pas en sécurité face à un flic en France[1]. » Quelques jours plus tard, une chasse aux Maghrébins eut lieu à Dijon. Elle ne fut nullement l'œuvre de la police nationale, mais celle de Tchétchènes bien décidés à venger l'un des leurs agressé sur fond de trafic de drogue.

La gauche décoloniale refuse de voir cette réalité, car cela ne sert pas sa stratégie et n'entre pas dans ses schémas. Mais la droite identitaire, engluée dans sa rhétorique sur le « choc des civilisations » et le « grand remplacement », est tout aussi aveugle à la question.

L'« affaire Pierre » ou les limites de la droite identitaire

Avril 2021, les images tournent en boucle depuis quelques jours. À Montpellier, une femme maghrébine voilée interpelle le président de la République, alors en déplacement dans un quartier sensible de la ville. « Monsieur le Président, j'ai mon fils qui a 8 ans, explique-t-elle. Il m'a demandé si le prénom de "Pierre" existait vraiment ou si ce n'est que dans les livres, tellement il y a un manque de mixité dans le quartier. C'est vraiment grave. Cette question m'a choquée. »

Aussitôt, bon nombre d'intellectuels, d'éditorialistes et de politiques appartenant à la droite identitaire montent au créneau. Leur analyse consiste à dire que ce propos illustre le « grand remplacement », et que si cette femme veut des « Pierre » dans son quartier, elle n'a qu'à appeler son fils ainsi (au lieu de lui donner un prénom arabe) et retirer son voile (pour ne pas dissuader les Français de souche de s'installer dans

1. Émission « On n'est pas couché » du 23 mai 2020 sur France 2.

le voisinage). Ces réactions pavloviennes montrent, comme souvent, les limites intellectuelles et le manque de sens politique de ce courant, qui a le courage de dénoncer les problèmes que l'on veut cacher sous le tapis, mais qui échoue généralement à poser le bon diagnostic.

Au lieu de blâmer cette femme, il fallait plutôt saisir l'occasion : cette mère de famille a exprimé une demande d'intégration et de mixité, une demande de France. En une phrase, elle a assassiné tout le discours victimaire et islamo-gauchiste, récusant ainsi toute la logique d'apartheid portée par les indigénistes. Alors que les groupuscules indigénistes et des organisations soi-disant de gauche organisent des réunions non mixtes (c'est-à-dire des réunions racistes dont les Blancs sont exclus en raison de leur couleur de peau), réalisant ainsi un programme de ségrégation digne du Ku Klux Klan, une femme maghrébine, voilée, habitant un quartier populaire a demandé davantage de mixité... à rebours de toutes les logiques de non-mixité et de communautarisme.

Pour une droite intelligente, cette anecdote aurait été du pain bénit. Et ce d'autant plus qu'elle survenait peu de temps après la polémique sur les réunions interdites aux Blancs organisées par l'Unef et l'interview de la présidente du syndicat étudiant, Mélanie Luce, par Sonia Mabrouk à ce sujet[1].

Dans le logiciel communautariste et racialiste, importé des États-Unis, qui est celui des indigénistes et des soi-disant « décoloniaux », « Pierre » (c'est-à-dire le Blanc, le Français de souche) est un colon et un raciste. Pour cette femme, au contraire, la présence de « Pierre » est souhaitée. Mieux, elle est réclamée.

---

1. Le 17 mars 2021 sur Europe 1.

« Pierre » n'apparaît pas du tout comme un oppresseur et un ennemi, dont il faudrait fuir la présence, mais au contraire comme une chance. Pour elle, l'absence de « Pierre » est synonyme d'insécurité, de chômage, de pauvreté et de ghettoïsation. Au contraire, la présence de « Pierre » est synonyme d'intégration et d'ascension socio-économique. Cette femme affirme que sa vie serait meilleure, et qu'elle et ses enfants auraient davantage de chances de réussite, si « Pierre » était là que s'il n'était pas là.

Dans un pays majoritairement blanc, l'absence de « Pierre » ne peut être que le révélateur d'un problème : c'est cela que cette femme nous dit. Ses propos illustrent l'échec et la faillite d'une idéologie « décoloniale » rattrapée par le réel. À chaque fois qu'un militant décolonial défend l'idée de réunions non mixtes, on devrait lui répondre en lui montrant les images de cette personne s'adressant au Président. Et c'est cela qu'auraient dû souligner tous ceux qui se disent ennemis de l'indigénisme et du communautarisme, au lieu de la critiquer.

Cette mère de famille a elle-même fait des efforts, puisqu'elle explique avoir scolarisé ses enfants dans une école privée catholique (preuve qu'elle ne voue aucune haine au christianisme), car la discipline y est plus stricte, et afin que son fils ne soit pas scolarisé qu'avec des enfants maghrébins, rencontrant enfin à l'école une mixité absente de son quartier. Mixité, intégration, autorité, discipline... voilà des valeurs qui font horreur aux « décoloniaux ». Ce sont elles pourtant qui sont affichées par une femme maghrébine voilée, c'est-à-dire par le type de personne que les décoloniaux prétendent défendre.

Bien sûr, le repli communautaire doit être combattu sans relâche. Mais pour gagner cette lutte, il faut renoncer à tout dogmatisme et faire preuve d'intelligence tactique, de pragmatisme et de réalisme. Puisque la mixité est le contraire du communautarisme, il aurait été plus intelligent de saluer ceux qui, comme cette femme, font le premier pas, et d'accepter la main tendue. Si on veut lutter contre le communautarisme de manière sincère, efficace et cohérente, il aurait mieux valu répondre positivement à cette mère de famille et, osons le jeu de mots biblique, ne pas lui jeter la première pierre.

Les islamistes ont déclaré la guerre à la France. Dans cette guerre, la population musulmane de France est un enjeu majeur. Ils l'ont bien compris et travaillent au corps l'opinion des musulmans français, les soumettant à une intense propagande, leur répétant sans cesse qu'ils seraient victimes d'une « islamophobie d'État » (ce qui est complètement faux). Dans un tel contexte, tout ralliement est le bienvenu et doit être accepté, car il faut en chercher le plus grand nombre. Trop souvent, les réactions de comptoir de certains font le jeu des islamistes, donnent des arguments à leurs discours. Si nous voulons gagner cette guerre, il faut gagner la « bataille des cœurs et des esprits », et faire basculer un maximum de musulmans du côté de la France. Il s'agit d'isoler, d'assécher, de « corneriser » les islamistes.

Bien sûr que cette femme aurait pu (et même dû) donner un prénom typiquement français à son fils. Mais la rejeter sous prétexte qu'elle ne l'a pas fait et qu'elle porte un voile serait une faute stratégique majeure, qui renforcerait les islamistes et leur propagande. Dans une guerre, on ne fait pas toujours ce qu'on aime, et on ne choisit pas toujours ses alliés. Pensons à Latifa ibn Ziaten, femme voilée, dont le fils, parachutiste dans l'armée française, a été assassiné par

Mohammed Merah, et qui lutte aujourd'hui contre l'islamisme.

Il ne faut pas confondre deux choses très différentes : d'une part, demander que les immigrés donnent des prénoms français à leurs enfants (demande légitime de la part de la société française) ; et, d'autre part, rejeter ceux qui ne l'ont pas fait (ce qui serait une erreur stratégique). De même, il ne faut pas confondre le fait de souhaiter que les femmes musulmanes s'assimilent et ne se distinguent pas par le port d'un costume d'origine étrangère (autre demande légitime de la part de la société française), et le fait de bannir toutes les femmes qui portent le voile (ce qui revient à les jeter automatiquement dans les bras des islamistes, et donc à nous priver de soutiens tout en augmentant le nombre de nos ennemis). La critique légitime du port du voile islamique sur le territoire national, au nom de la laïcité et de l'assimilation, ne doit pas se muer en dénigrement des femmes voilées, car cela est tout à fait contre-productif. Comme le souligne Patrick Buisson, « la réalité, c'est qu'à partir du moment où nous avons 5 millions de musulmans sur le sol national, vous ne pouvez pas les rayer d'un trait de plume ni prétendre avoir un vrai projet gouvernemental avec une perspective de guerre civile. Il faut faire avec cela tout en comprimant le poids démographique de l'islam par une politique qui fait de l'immigration le problème central[1]. »

Si certains journalistes de gauche ont une « carte de prêche » leur permettant de faire la morale à longueur de journée, certains chroniqueurs de droite ont eux

1. Patrick Buisson, interview accordée au média Livre noir, postée sur YouTube sous le titre « Patrick Buisson : l'ombre de la droite » le 6 décembre 2021.

un « permis de chasse » leur permettant de dénigrer femmes voilées et « Arabes de service », rejetant sur eux nos propres insuffisances. L'interdiction de certains vêtements (voile et *abaya* dans les établissements scolaires, *burkini* dans les piscines, *burqa* partout) est légitime et indispensable, mais les polémiques incessantes visant les personnes qui les portent sont contre-productives et ne font qu'encourager le port du voile par réaction. Il est également frappant que la droite ne se soit pas intéressée au vote musulman et ait abandonné cet électorat – pourtant demandeur d'autorité, de conservatisme sociétal, de sécurité et hostile au wokisme – à Jean-Luc Mélenchon.

Avec au moins 6 millions de musulmans sur le sol national, tout parti qui fait de la critique systématique de l'islam son fond de commerce renonce dans les faits à la conquête du pouvoir. En effet, la guerre civile n'est pas un programme de gouvernement. Ceux qui font de l'hostilité à l'islam le centre de leurs discours se font plaisir, mais n'agissent pas de manière politique. La masse des électeurs ne peut que sanctionner un tel parti, non par islamophilie, mais par peur des troubles. Il vaut donc mieux se concentrer sur la lutte contre l'immigration, le combat contre l'islamisme et la défense de l'identité nationale que d'attaquer frontalement l'islam en tant que religion.

Il faut prendre la réalité telle qu'elle est, et non pas telle qu'on voudrait qu'elle soit. Ce qui est fait est fait : il ne faut donc pas exclure ceux qui clament leur amour de la France, demandent des valeurs et de l'autorité, réclament de la mixité, sous prétexte qu'ils ne portent pas le prénom que l'on voudrait, ont donné à leurs enfants un prénom autre que celui qu'on aimerait, et portent un vêtement qui nous déplaît.

Vivons-nous un choc des civilisations avec l'islam ?

« Choc des civilisations », l'expression est devenue incontournable. Pour certains, la reconquête sanglante du Haut-Karabagh arménien et chrétien par l'Azerbaïdjan musulman, l'attaque terroriste menée par le Hamas contre Israël le 7 octobre 2023, les attentats djihadistes en Europe seraient l'expression d'un choc civilisationnel entre l'Occident et le monde musulman.

Or, cette lecture, que nous avons déjà critiquée plus avant pour d'autres raisons, ne constitue pas le bon paradigme pour comprendre ce qui nous arrive. Ce que nous vivons est extrêmement grave, mais relève d'une autre nature que celle d'un prétendu choc des civilisations. Si nous voulons faire face au péril qui nous menace, il faut d'abord commencer par poser le bon diagnostic et ne pas se tromper dans l'analyse.

Les blocs actuels n'ont rien d'immuable et varient au gré des conflits. Ainsi, dans l'affaire du Haut-Karabagh, Israël apporte depuis longtemps un soutien politique et militaire sans faille à son vieil allié azerbaïdjanais. La conquête de ces vieilles terres arméniennes aurait été impossible sans les abondantes livraisons d'armes israéliennes, notamment de drones, qui ont joué un rôle crucial sur le terrain. Le président Ilham Aliyev ne l'a pas oublié, et a fait illuminer les monuments de Bakou, sa capitale, aux couleurs du drapeau israélien après l'attaque du Hamas. Au contraire, l'Iran a soutenu l'Arménie. La victoire de l'Azerbaïdjan fait craindre à Téhéran la constitution d'un corridor turco-azerbaïdjanais qui compromettrait son propre accès aux routes commerciales vers l'Europe.

Mais, sur la question palestinienne, l'alignement est tout autre, et ne recoupe pas celui du dossier arménien. L'Iran des mollahs et la Syrie de Bachar el-Assad, ennemis jurés de la Turquie et soutiens de l'Arménie, se retrouvent d'accord avec Erdogan pour s'en prendre à Israël. Le même Erdogan collabore avec Israël quand il s'agit de l'Arménie, mais qualifie le Hamas de « mouvement de résistants » lorsqu'on aborde Gaza.

Lorsque nous parlons de « choc des civilisations », nous faisons le jeu des islamistes, puisque nous les érigeons en représentants uniques, légitimes et exclusifs de la civilisation arabo-musulmane. Pourquoi le Hamas représenterait-il davantage l'islam que l'OLP (Organisation de libération de la Palestine), la Jordanie, l'Égypte, le Maroc et les Émirats, qui ont reconnu Israël ?

Il faut éviter deux écueils opposés : le premier consiste à affirmer que l'islamisme n'aurait rien à voir avec l'islam. C'est le fameux « rien à voirisme[1] », dénoncé à raison par Jean Birnbaum. Bien sûr que l'islamisme a quelque chose à voir avec l'islam et que les djihadistes s'appuient sur des passages de la biographie de Mahomet, sur de nombreux hadiths (propos attribués au Prophète), sur les ouvrages de plusieurs théologiens médiévaux, et sur une longue tradition de violence. La vie de Mahomet, chef de guerre tribal, est infiniment plus violente que celle du Christ ou de Bouddha. Vouloir comprendre et combattre l'islamisme sans connaître l'islam, son histoire, sa psychologie, sa théologie, n'a aucun sens. Mais le second écueil consiste à penser que l'islam se résume à l'islamisme. On trouvera ainsi dans le Coran et les hadiths aussi bien des passages pour justifier

1. Jean Birnbaum, *Un silence religieux. La gauche face au djihadisme*, Seuil, 2016.

l'action des islamistes que pour la condamner. Ces deux erreurs opposées ont en commun d'essentialiser l'islam et d'en faire un bloc monolithique. Or, l'islam est pluriel, divers et divisé. Les un milliard et demi de musulmans que compte la planète adhèrent à des interprétations très différentes de l'islam, souvent incompatibles entre elles. L'islamisme est une interprétation de l'islam parmi d'autres. Il n'est pas moins musulman que les autres interprétations. Mais il n'est pas davantage musulman non plus.

La théorie du choc des civilisations est une hérésie stratégique : elle conduit mécaniquement à augmenter le nombre de nos adversaires et à nous priver d'alliés. Là où le vieil adage nous invite à « diviser pour régner », la théorie du choc des civilisations rassemble et crée un bloc adverse. Si l'islam et l'islamisme sont la même chose, si le monde musulman est notre ennemi, alors cela signifie que nous devons faire face à un milliard et demi de musulmans, dont 6 millions sur notre sol. Si l'attaque du Hamas contre Israël était bien le fruit d'un choc avec la civilisation islamique, comment expliquer que les services secrets égyptiens aient alerté, en vain, le gouvernement de Benyamin Netanyahou quelques jours avant le drame ? Les Égyptiens ne sont pas moins musulmans que le Hamas. Si les attentats sur notre sol révélaient la vraie nature de l'islam, comment expliquer la fructueuse coopération de la France avec les services marocains, indispensable à la lutte contre le terrorisme ? Le roi du Maroc, « commandeur des croyants », n'est pas moins musulman que les djihadistes. Et notre intervention au Mali en 2013 aurait été beaucoup plus complexe si l'Algérie ne nous avait pas laissés survoler son espace aérien. De même, certes, Mohammed Merah portait un prénom arabo-musulman... mais plusieurs de ses victimes, soldats de l'armée française, aussi ! Parmi nos militaires, policiers, gendarmes, douaniers et pompiers, nombre de musulmans contribuent à la défense de notre civilisation.

Affirmer que nous ferions face à une civilisation musulmane cohérente et unie est une erreur majeure qui occulte les divisions internes profondes du monde musulman : chiites contre sunnites (une haine vieille de mille quatre cents ans, née sur les cadavres d'Ali et d'Hussein), Turquie contre Iran (une inimitié de cinq cents ans), Maroc contre Algérie, Turcs contre Kurdes, Égypte, Arabie saoudite et Émirats contre le Qatar et les Frères musulmans, islamistes contre laïcs, etc. Dans la guerre froide qui oppose l'Iran à l'Arabie saoudite, les Saoudiens s'allient aux « mécréants » américains et les Iraniens aux « mécréants » russes. Pour le dire dans les termes arabes de la théologie islamique, il y a *fitna* dans l'*oumma*, c'est-à-dire qu'il y a dissension (*fitna*) au sein de la communauté des croyants (*oumma*)[1]. À nous de profiter de ces divisions pour affaiblir nos adversaires islamistes et nouer des alliances au sein même du monde musulman. Et pour cela, oublions la vision fausse et intransigeante du choc des civilisations qui ne peut que déboucher sur des guerres inexpiables et atroces en nous empêchant, par définition, toute possibilité d'alliance, de négociation, de transaction.

1. Les divisions au sein de l'islam sont très profondes. Toutefois, nombre de musulmans, hantés par un fantasme d'unité, de fraternité et de consensus, refusent d'admettre publiquement cette réalité. Ce déni et cet écart entre réel et fantasme constituent une cause de la souffrance du monde islamique. Au XVIe siècle, l'alliance du roi François Ier, roi « Très chrétien », avec l'empire ottoman fit scandale, mais témoigna d'un réalisme politique qui sauva la France face à l'Espagne de Charles Quint. Celui-ci, de façon symétrique, conclut une alliance avec le Maroc et la Perse contre les Ottomans. Cette alliance marocaine mit un terme à l'expansion ottomane vers l'Ouest, protégeant ainsi le territoire espagnol des Turcs.

9

Crise de la représentation et revendications communautaires

En poncho sur le campus

Le concept d'« appropriation culturelle » est désormais au cœur des discours les plus radicaux. Selon cette théorie, les Occidentaux n'auraient pas le droit de pratiquer le yoga ou de se faire des nattes afro, car cela représenterait un vol à l'encontre de cultures historiquement dominées.

Aux États-Unis, un jeune homme blanc, critique du wokisme, s'est livré en vidéo à une expérience intéressante. Il s'est rendu sur des campus universitaires américains en portant un costume traditionnel mexicain, avec sombrero, poncho, maracas... et a interrogé les étudiants. Ceux-ci, tous blancs et états-uniens, n'ayant rien de mexicain ni même d'hispanique, lui ont dit que, comme il n'était pas latino lui-même, porter un tel costume était une forme odieuse de racisme, véhiculant stéréotypes, clichés et appropriation culturelle. Aussitôt après, le jeune homme prit sa voiture, passa la frontière et se rendit au Mexique, en gardant les mêmes vêtements. Interrogeant cette fois d'authentiques Mexicains dans la rue, ceux-ci lui répondirent être très heureux de le voir porter de tels vêtements, car cela contribuait à diffuser la culture mexicaine.

On retrouve ici notre thèse selon laquelle le néo-antiracisme est une névrose occidentale, dont la clef doit être cherchée du côté des Occidentaux et non pas chez les minorités ou les autres peuples. La réaction outrée des Occidentaux est avant tout l'expression de la crise de la représentation qui frappe nos sociétés.

La crise de la représentation[1]

La civilisation occidentale traverse une crise générale de la représentation. La représentation, la distance, le symbolique s'effacent au profit de l'immédiateté, de la « transparence » et de la proximité. Le « qui » devient plus important que le « quoi », c'est-à-dire que l'identité privée de celui qui émet un message prime désormais le contenu du message. L'individu ne disparaît plus derrière la fonction. Cette crise globale touche tous les domaines : aussi bien la politique, où les politiciens n'ont de cesse de vouloir « fendre l'armure » en exhibant leur vie privée et leurs émotions, que l'art, où l'on censure certaines œuvres parce que la biographie de l'auteur déplaît.

Comme l'écrit Régis Debray :

> Il en va en définitive, à la cour comme à la ville, du sort fait à la représentation. Ce n'est pas une question de politique, mais de civilisation. La nôtre a décidé de marcher à la présence. Le brut, l'émotionnel, le naïf, le babil, le cru, le « on se lâche » se célèbrent en cuisine comme au salon. Au musée comme à l'école. [...] La confusion

1. On lira à ce sujet Daniel Bougnoux, *La Crise de la représentation*, La Découverte, 2006.

de l'œuvre avec l'auteur relève du même trou d'air symbolique, du même affaissement, de la même descente en torche sur le plancher des vaches, que la confusion de l'acteur et du personnage[1].

En 2007, la Comédie-Française dut écourter ses représentations de la pièce de Bernard-Marie Koltès *Le Retour au désert*, car le personnage d'Aziz, secondaire dans l'intrigue, n'était pas interprété par un acteur arabe. En 2023, l'actrice Paola Locatelli fut attaquée sur les réseaux sociaux, car elle jouait le rôle d'une jeune fille maghrébine dans la série *Jusqu'ici tout va bien* alors qu'elle est d'origine italienne et capverdienne. La phrase du poète Horace « Je suis homme et rien de ce qui est humain ne m'est étranger » paraît bien lointaine, tout comme le temps où la comédienne Sarah Bernhardt jouait le premier rôle masculin dans *Lorenzaccio* et où l'acteur blanc Orson Welles interprétait le personnage noir d'Othello dans la pièce éponyme de Shakespeare.

Selon la même logique, certains spécialistes de l'islam sont régulièrement attaqués lorsqu'ils s'expriment, sous prétexte qu'ils ne sont pas musulmans eux-mêmes.

Un exemple spectaculaire a eu lieu avec le cas de la poétesse états-unienne Amanda Gorman, qui a acquis une notoriété internationale en déclamant l'un de ses poèmes lors de l'investiture de Joe Biden. Ses textes ont été traduits dans de nombreuses langues.

Mais une polémique est survenue aux Pays-Bas. Sur les réseaux sociaux, certains ont reproché à l'éditeur néerlandais de faire traduire les textes de cette poétesse (qui est afro-américaine) par une traductrice blanche. Pour eux, seul un Noir pouvait comprendre et

1. Régis Debray, *L'Obscénité démocratique*, Flammarion, 2007.

traduire ses œuvres. Il s'agissait là d'une tempête dans un verre d'eau, déclenchée par une poignée de gens qui ne représentent qu'eux-mêmes. Pourtant, la traductrice initialement désignée et sa maison d'édition ont choisi de jeter l'éponge. De même, le traducteur d'Amanda Gorman en catalan fut renvoyé, car on souhaitait le remplacer par un autre profil : si possible une femme noire militante.

Dans cette perspective, la couleur de peau prévaut sur le talent et le mérite, les déterminations personnelles sur le résultat. Comme le souligne le traducteur André Markowicz :

> Le fait est qu'Amanda Gorman n'est pas simplement noire : elle est aussi fille de mère célibataire, elle a eu des problèmes d'élocution qui ont fait croire à un retard mental. Peut-être faudrait-il en plus que sa traductrice soit noire et fille de mère célibataire et ait eu des problèmes d'élocution ?... Ou le fait d'être noire suffit-il à comprendre une enfant noire qui a été dyslexique ? Et pourquoi une Blanche, dyslexique ou non dans son enfance, fille ou non d'une mère célibataire, ne pourrait-elle pas le sentir ? Et que se passera-t-il si Amanda Gorman est traduite en chinois, ou en japonais, ou en russe ? Il faudrait quoi, chercher une Chinoise noire qui aurait été dyslexique dans son enfance ?... Cette idéologie de l'atomisation de l'humanité selon la couleur de la peau, qui veut qu'un, qu'une, Noir, Noire, ne puisse être compris que par un, une, Noir, Noire est le contraire absolu de la traduction, qui est, d'abord et avant tout, le partage et l'empathie pour l'autre, pour ce qui n'est pas soi : ce que j'appelle la « reconnaissance[1] ».

1. André Markowicz, « Personne n'a le droit de me dire ce que j'ai le droit de traduire ou pas », *Le Monde*, 11 mars 2021.

De même, Alain Mabanckou, auteur africain, congolais et noir, s'est alarmé d'une telle situation :

> C'est une forme de racisme. Si vous connaissez l'histoire littéraire, si on se la rappelle, certaines des grandes œuvres de la littérature africaine ont été traduites par des Blancs. Raymond Queneau a traduit *L'Ivrogne dans la brousse*, d'Amos Tutola. André Breton a préfacé *Le Cahier d'un retour au pays natal*, d'Aimé Césaire. [...] La littérature grandit parce qu'elle traverse les frontières. La littérature ne devrait pas être tributaire d'une certaine couleur. Cette polémique, au lieu de grandir l'œuvre de celle qui pourrait devenir une des grandes poètes de notre époque, est plutôt en train de chercher à l'enfermer dans cet instinct grégaire qui est incompatible avec la force de la littérature. C'est cela le désastre auquel nous assistons, hélas[1] !

Mais malgré tous ces rappels salutaires, certains éditeurs préfèrent céder.

Suivant la même logique, on voit désormais apparaître des revendications pour que les personnes appartenant à une minorité ethnique, religieuse ou sexuelle soient prises en charge par des infirmiers, des psychologues ou des médecins qui appartiendraient à la même minorité, afin d'être mieux compris et d'éviter les discriminations. Pourtant rien ne garantit qu'un Noir, un Arabe ou un homosexuel soit forcément bien compris par un autre Noir, Arabe ou homosexuel, comme s'ils étaient reliés par une sorte de fluide magique. C'est même raciste, et surtout très naïf, que de le croire. Souvent la distance personnelle, l'extériorité et la différence apportent au contraire

1. « Alain Mabanckou juge "raciste" la polémique autour de la traductrice blanche d'Amanda Gorman », *Le Figaro*, 7 mars 2021.

une meilleure compréhension, permettant davantage de recul et évitant de plaquer sa propre situation personnelle sur celle de l'autre.

Ce type de revendications m'évoque une anecdote rapportée par un ami, bon connaisseur de l'Afrique et qu'il a vécue en personne : un jour, au Niger, il s'était rendu dans un dispensaire où se trouvaient deux malades, l'un atteint d'un panaris bénin, l'autre d'une grave hémorragie interne. Le médecin s'occupa d'abord du patient atteint d'un panaris, malgré la nécessité d'une intervention urgente pour l'autre patient. Un peu surpris, mon interlocuteur l'interrogea sur les raisons de ce choix. Le médecin lui répondit que le patient atteint d'un panaris était d'une ethnie plus « noble » et avait donc priorité sur l'autre, qui appartenait à une ethnie méprisée. Les trois hommes étaient pourtant tous noirs, nigériens et musulmans. Les membres du « Globule noir », qui établirent des listes raciales recensant les soignants noirs afin que les patients noirs puissent trouver des soignants de la même couleur[1], feraient bien de réfléchir à cette histoire.

En France, crise de la représentation, néo-antiracisme et obsession identitaire s'articulent pour amener à une critique du modèle assimilationniste : la figure symbolique et conceptuelle du citoyen recule au profit de l'immédiateté brute de la couleur de peau, de la religion ou de l'appartenance sexuelle. C'est sur ce terreau que progresse le modèle communautaire d'inspiration américaine.

---

1. Ces listes évoquent les listes de Juifs dressées par les nazis. La logique est la même. Même quand ils se veulent « bienveillants », le recensement ethnique, les quotas et la discrimination dite « positive » d'aujourd'hui ethnicisent la société, préparent les pogroms et les déportations de demain. Le glissement de la « discrimination positive » au massacre ethnique peut être très rapide.

Sur le « modèle » américain

Les tenants du néo-antiracisme admirent le communautarisme états-unien. C'est par exemple le cas d'Éric Fassin, ou de Rokhaya Diallo, qui déclare que « la France est discriminante [...] et a beaucoup à apprendre des États-Unis ». Cette fascination repose sur un contresens.

Chaque société est le fruit d'une histoire, et penser que la France devrait appliquer le schéma américain, c'est faire fi de toutes les différences culturelles et psychologiques qui séparent l'imaginaire des deux pays.

Comme l'a bien vu Emmanuel Todd, la matrice anthropologique française – la famille nucléaire égalitaire – induit une vision de l'homme comme étant un être universel[1]. La mentalité française tend à être très tolérante sur les questions de couleur de peau et indifférente aux origines ethniques, mais aussi très hostile à l'affirmation ostentatoire d'une différence culturelle ou religieuse, ainsi qu'à toute forme de communautarisme et de séparatisme[2]. La France est spontanément rétive à l'idée de ségrégation, qu'elle soit imposée de manière discriminatoire par un État ou revendiquée par un groupe minoritaire. En découle une volonté de mélange et d'homogénéisation. Tout cela se retrouve dans nos expressions politiques, comme la devise « Liberté, égalité, fraternité », ou la « République est une et indivisible »,

1. Emmanuel Todd, *L'invention de l'Europe*, Gallimard, 1990.

2. Comme nous l'avons déjà dit, le néo-antiracisme va donc à rebours de l'imaginaire français. Il insiste sur la couleur de peau, alors que la mentalité française y est aveugle. Il exalte la différence culturelle, alors que la mentalité française lui est hostile. Il taxe d'antiraciste ce qui traditionnellement était vu en France comme du racisme et traite de racisme ce qui était vu comme de l'antiracisme.

mais aussi dans des particularités françaises comme le fort taux de mariages mixtes, l'exigence d'assimilation[1] ou le refus des signes religieux à l'école (alors que les pays anglo-saxons acceptent les signes religieux à l'école, mais sont plus rétifs au mariage mixte). Ce tropisme a encore été renforcé par l'histoire. En effet, comme le note Stéphane Rozès, la France a un imaginaire universaliste et projectif. Contrairement à l'Allemagne, elle n'avait pas au départ d'unité ethnique. Elle était un mélange de Celtes, de Latins et de Germains[2]. Toute la politique de Clovis, premier roi de France, consista à unifier ces peuples distincts dans le creuset de l'héritage romain et de la foi catholique. Il n'y avait pas de nation préexistante, c'est l'action de l'État qui l'a forgée[3] (alors qu'en Allemagne, c'est la nation qui a fait l'État). Au XVIe siècle, les guerres de religion ont encore accru les choses. D'une part, en optant finalement pour le catholicisme, la France a conservé un modèle latin égalitaire et assimilationniste tout à fait distinct du schéma protestant (qui, lui, convient beaucoup mieux à la séparation des communautés). D'autre part, le traumatisme et les ravages des ces guerres amenèrent les Français à penser que la religion est une affaire strictement privée, qui doit se faire discrète dans la sphère publique afin de préserver la paix civile.

La société américaine est profondément obsédée par la notion de race : son organisation communautariste prolonge aujourd'hui son passé raciste et ségrégationniste.

---

1. Exigence d'assimilation aujourd'hui en plein recul du fait de la mondialisation, de l'américanisation et de l'action délétère du néo-antiracisme.
2. Stéphane Rozès, *Chaos : Essai sur les imaginaires des peuples*, Cerf, 2022.
3. C'est le sens de la fameuse phrase de l'historien monarchiste Jacques Bainville, qui affirme dans son *Histoire de France* (1924) : « Le peuple français est un composé. C'est mieux qu'une race. C'est une nation. »

Reconnaître officiellement des communautés et leur conférer un statut particulier, c'est faire le premier pas vers leur possible séparation, voire leur hiérarchisation : le communautarisme hérite de la ségrégation d'hier et prépare potentiellement celle de demain.

Les États-Unis pratiquèrent l'esclavage jusqu'en 1865, non pas dans de lointaines colonies (comme la France et le Royaume-Uni), mais sur leur propre sol. Et il fallut pour l'abolir une guerre civile avec 600 000 morts. La ségrégation a duré jusqu'en 1964, et l'interdiction du mariage mixte par certains États ne fut cassée par la Cour suprême qu'en 1967. C'est l'arrêt de la Cour suprême Loving contre l'État de Virginie qui interdit aux États fédérés de s'opposer aux mariages interraciaux. Le couple Loving était formé d'un homme blanc et d'une femme noire d'origine afro-américaine et amérindienne. Leur nom de famille (signifiant « amour ») donne un caractère symbolique à leur victoire qui incarne donc le triomphe de l'amour sur la politique raciste de l'État de Virginie.

Par ailleurs, durant la Seconde Guerre mondiale, les troupes françaises libres de Leclerc étaient ethniquement mélangées. Les alliés américains imposèrent à Leclerc de pratiquer la ségrégation raciale sur le modèle de l'armée américaine. Il refusa d'abord avant d'être contraint d'accepter sous peine de ne plus se voir livrer de matériel. N'oublions pas non plus que les juristes nazis s'inspirèrent des lois ségrégationnistes étasuniennes afin d'élaborer la législation raciale du IIIe Reich.

En Amérique latine, les colons espagnols et portugais se marièrent sans difficulté avec des femmes indiennes ou noires, acceptant donc d'avoir des enfants métis. Il en alla de même pour les colons français au Canada. Mais aux États-Unis, les Anglo-Saxons refusèrent le mariage avec les Indiens, qu'ils massacrèrent, et avec les

Noirs. En cela, ils eurent le même comportement que leurs coreligionnaires calvinistes d'origine hollandaise en Afrique du Sud.

Dans la région des Grands Lacs, le « Middle Ground », la période de 1650 à 1815[1], fut une période d'hybridation entre culture française et culture indienne. Mais cette heureuse cohabitation prit fin lorsque les Anglo-Saxons arrivèrent. Aujourd'hui encore, à l'échelle de toute l'Amérique du Nord, le Québec est le seul État à avoir développé une véritable politique de reconnaissance des peuples autochtones[2].

L'opposition entre la propension latine au mariage mixte et la réticence anglo-américaine devrait nous alerter sur la véritable nature du communautarisme américain et sur le soi-disant antiracisme qui s'en réclame.

Et n'oublions pas que le premier réflexe des Américains après l'attaque de Pearl Harbor par les Japonais, en décembre 1941, fut d'interner dans des camps de concentration les civils d'origine japonaise qui se trouvaient

---

1. Richard White, *Le Middle Ground. Indiens, Empires et Républiques dans la région des Grands Lacs, 1650-1815*, Anacharsis, 2009. On désigne sous le nom de « Bois-Brûlés » les nombreux métis nés de l'union d'Amérindiens et de Canadiens français.

2. Mathieu Bock-Côté, lui-même québécois, résume bien la différence entre les Français catholiques, qui s'unirent aux femmes indiennes (découvrant ainsi une forme de liberté sexuelle) et s'intéressèrent aux coutumes et aux langues indiennes (développant ainsi une forme précoce d'ethnologie), et les Anglo-Saxons protestants. « Cette arrière-fond religieux a des conséquences politiques : si les Anglais ont pratiqué une politique de refoulement global des Amérindiens, en les condamnant toujours à l'exil, et en les traitant comme des peuples résiduels et vaincus, il n'en est pas de même des Français, qui établirent avec eux de tout autres rapports. » Mathieu Bock-Côté, « Canada, 1763-1766, Les derniers Indiens du roi de France », in Jean-Christophe Buisson et Jean Sévilla (dir.), *Le dernier carré : Combattants de l'honneur et soldats perdus de l'Antiquité à nos jours*, Le Figaro Histoire et Perrin, 2021.

sur le sol national. Et ce pendant toute la durée de la guerre. Cette mesure toucha plus de 120 000 personnes, qui étaient aussi bien des ressortissants japonais que des citoyens américains d'origine japonaise.

Après sa victoire aux Jeux olympiques de 1936, l'athlète noir Jesse Owens vit dans la pauvreté, et le président Franklin Roosevelt refuse de le recevoir. Au début des années 1960, le boxeur Mohammed Ali jette sa médaille olympique dans le fleuve Ohio après s'être vu refusé l'entrée dans une brasserie « réservée aux Blancs ». À la même époque, en France, un Noir, descendant d'esclave, Gaston Monnerville, est président du Sénat, à ce titre destiné à assurer l'intérim en cas de mort ou de démission de Président. Et cela ne suscitait aucune émotion. Barack Obama, fils d'un Kenyan qu'il n'a pas connu et d'une Américaine blanche, lui, n'était pas descendant d'esclave.

Céline Pina insiste sur cette différence entre la France et les États-Unis :

> Sans aller chercher très loin dans le passé, rappelons que la France a été un asile pour de nombreux artistes noirs, car ils y étaient, à leur grand étonnement, considérés comme égaux aux blancs. L'immense trompettiste américain Miles Davis y a vécu en 1949 une histoire d'amour avec l'égérie – blanche – de Saint-Germain-des-Prés, Juliette Gréco, sans que personne en France s'en émeuve. Quelques années plus tard, un grand hôtel de Las Vegas faisait changer l'eau de sa piscine après que la grande chanteuse – noire – Lena Horne s'y fut baignée. Quant à Chester Himes, c'est à Paris qu'il connut le succès quand l'Amérique où il était né l'ignorait[1].

1. « Éviction de Rokhaya Diallo : Céline Pina répond au *New York Times* », *Le Figaro*, 2 janvier 2018.

Aujourd'hui encore, les ghettos noirs américains sont infiniment plus durs et miséreux que la plus délabrée des cités françaises. Les Noirs ont huit fois plus de risques d'être contaminés par le VIH que les Blancs, et 20 % des hommes noirs ont connu la prison (contre 3 % des hommes blancs). Des démographes se sont rendu compte qu'il « manquait des hommes noirs », c'est-à-dire que le nombre d'hommes noirs dans la vie sociale était anormalement bas par rapport au nombre de femmes noires. Ces « hommes manquants » sont soit morts prématurément, soit en prison.

L'ultra-droite américaine est beaucoup plus nombreuse, puissante et dangereuse qu'elle ne l'est en France. Et l'on compte bien plus de crimes racistes aux États-Unis. Il est curieux de voir de prétendus antiracistes, toujours prompts à dénoncer l'extrême droite, vanter le schéma américain, alors que celui-ci implique nécessairement l'existence d'une puissante et violente ultra-droite. D'ailleurs, depuis que les thèses américaines sont arrivées en France, on n'a jamais autant parlé de race.

Le multiculturalisme américain fabrique une société paranoïaque, où chacun peut être traité à tout moment de raciste, ou à l'inverse se croire attaqué à cause de son ethnie.

Pour être viable, le communautarisme américain nécessite quatre compensations. La première repose sur un patriotisme exacerbé : culte du drapeau et de l'hymne national, idolâtrie pour l'armée et les vétérans, etc. La deuxième est d'ordre religieux. Pour Régis Debray :

> Les mœurs ne tiennent que par les croyances. Les mœurs politiques américaines ne sont viables que par la croyance en Dieu des Américains, les Spin Doctors, la First Lady

> et le Fundraising, que par les Prayers Breakfast, les serments sur la Bible et le *In God we trust* du dollar. [...] L'Amérique fut dès sa naissance une théo-démocratie, un nouvel Israël, un Continent élu, et c'est le Dieu unique et confédéral [...] qui cimente là-bas le puzzle des États, des intérêts, des races et des communautés.

La troisième compensation est un espoir économique : c'est le rêve pluriséculaire d'enrichissement et d'élévation sociale pour chacun à travers le mythe du self-made-man. Cette espérance est purement individuelle : si la France possède un État providence et des services publics beaucoup plus généreux que les États-Unis, c'est parce que les différentes communautés américaines, séparées, ne sont pas prêtes à se sentir solidaires et à payer les unes pour les autres[1]. La quatrième compensation passe par l'accès aux armes et par la prison : il y a 2,2 millions de prisonniers aux États-Unis, avec un budget de fonctionnement d'environ 80 milliards de dollars. Cela représente la première population carcérale au monde, loin devant la Chine (1,7 million), pays pourtant quatre fois plus peuplé et autoritaire, le Brésil (750 000) ou la Russie (470 000). Environ 25 % des prisonniers de la planète sont américains, alors que le pays ne représente que 5 % de la population mondiale. Bien sûr, Noirs, Amérindiens et Latinos sont surreprésentés parmi les détenus.

Si on veut importer le communautarisme américain, il faudra aussi importer le patriotisme (ce qui ne serait pas une mauvaise chose), la religiosité, la réduction de l'État providence, la libre circulation des armes et la prison de masse...

---

1. Aujourd'hui, le récent recul de la pratique religieuse et la réduction des perspectives d'ascension sociale risquent de compromettre l'unité nationale du pays.

Ingérences américaines

La fascination pour le modèle communautariste découle de l'hégémonie culturelle américaine, à travers la musique, le cinéma ou les séries[1]. Mais elle passe également par une ingérence active.

Les États-Unis ne comprennent pas la conception française de la laïcité. N'ayant pas connu les guerres de Religion, qui opposèrent catholiques et protestants, ils voient en elle une atteinte à la liberté religieuse, alors qu'elle est une protection de l'espace public contre sa captation par un camp. De même, ils ne comprennent pas la logique assimilationniste française, perçue comme raciste. Exemple révélateur : en 2007, le dessinateur britannique David Hine publie dans un magazine américain un épisode de Batman. Le super-héros se rend en France et prend sous son aile le jeune Bilal, un « musulman sunnite[2] », d'origine algérienne, vivant avec sa mère à Clichy-sous-Bois[3]. Ensemble, ils lutteront non seulement contre le crime, mais aussi contre le racisme et l'islamophobie de la société française. En 2012, un rapport du Département d'État présentait la loi française

1. Le schéma communautariste américain peut trouver une reconnaissance particulière auprès des Français d'origine turque ou maghrébine, car, par certains aspects, il évoque le droit islamique, qui sépare les groupes confessionnels, modèle de l'Empire ottoman, reposant sur des communautés séparées.

2. Cette manière qu'a Bilal (qui prendra le pseudonyme de super-héros de « Nightrunner ») de se définir spontanément comme « musulman sunnite » est pour le moins incongrue en contexte français, où l'écrasante majorité des musulmans est sunnite. Par contre, elle montre l'imprégnation inconsciente de la guerre en Irak, où Américains et Britanniques durent gérer l'antagonisme entre sunnites et chiites.

3. Ce choix de l'auteur fait suite aux émeutes de 2005, dont le point de départ fut Clichy-sous-Bois et Montfermeil (93).

sur la *burqa* comme une atteinte aux libertés religieuses. En mars 2020, le *Washington Post* ciblait la France en affirmant qu'il était contradictoire d'imposer le port du masque tout en interdisant la *burqa*. On notera au passage que beaucoup de pays musulmans – comme le Tchad, le Tadjikistan, le Sénégal ou le Maroc[1] – ont également prohibé la *burqa*, ce que les contempteurs américains de la France semblent ignorer[2].

Et lorsque la France a interdit l'*abaya* à l'école, en septembre 2023, un organisme consultatif américain, travaillant auprès du Congrès, a estimé : « La France continue d'utiliser une interprétation spécifique de la laïcité pour cibler et intimider les groupes religieux, en particulier les musulmans », et a appelé la communauté internationale à « s'élever contre ces lois ».

Les dossiers Wikileaks révèlent que l'ambassadeur des États-Unis à Paris considérait que la France ne parvenait pas « à considérer les compatriotes plus bruns et musulmans comme de vrais citoyens ». Cette assertion ressemble furieusement à une projection psychanalytique où l'on prête aux autres les torts dont on souffre soi-même : le racisme de la société américaine envers les Noirs, les Latinos et les Amérindiens est ici attribué à la France.

Aujourd'hui, des entrepreneurs, des artistes, des acteurs associatifs, des universitaires d'extrême gauche ou des militants de la cause décoloniale sont invités tous frais payés aux États-Unis, où on leur vante la société américaine, et où ils reçoivent une formation idéologique et pratique afin de promouvoir le communautarisme.

---

1. Le Maroc a même interdit le port, la vente et la fabrication de la *burqa*.

2. En-dehors du monde islamique, le Cameroun, la Belgique, la Bulgarie, la Suisse, le Danemark et l'Autriche ont également procédé à cette interdiction.

Cet activisme américain est particulièrement frénétique dans nos banlieues. Deux employés de l'ambassade américaine à Paris travaillent à plein temps sur cette seule question, et l'ambassade évoque sa « stratégie d'engagement auprès des minorités » en France. *Le Parisien* nous apprend que « les projets financés par l'ambassade dans les banlieues peuvent aller du discours d'un diplomate auprès d'étudiants à des projets plus importants, financés à hauteur de 20 000 à 100 000 dollars[1] ». Et Stéphane Gatignon, maire de Sevran (93) de 2001 à 2018, affirme : « Sans doute que la CIA n'est pas loin derrière[2]. » La France doit mener le travail de police intérieure pour briser cette ingérence, et exiger que Washington en reste là dans ses projets d'influence.

Tout cela est curieux lorsque l'on sait que la guerre en Irak menée par les États-Unis, et à laquelle la France s'est opposée, a provoqué la mort de 200 000 Irakiens musulmans. Les deux principaux opposants à cette guerre furent d'ailleurs Jacques Chirac et Dominique de Villepin... les deux artisans de la loi de 2004 prohibant les signes religieux ostentatoires à l'école. Bien souvent, les plus fermes contempteurs des dérives de la politique étrangère américaine – notamment au Moyen-Orient – et les plus farouches défenseurs de l'indépendance stratégique française face à l'atlantisme, dans la plus pure tradition gaulliste, sont aussi des partisans du modèle laïc et assimilationniste : Philippe Séguin, Charles Pasqua, Régis Debray, Jean-Pierre Chevènement...

1. Thomas Poupeau, « Pourquoi les États-Unis arrosent la banlieue parisienne à coups de millions de dollars », *Le Parisien*, 30 décembre 2019.
2. *Ibid.*

10

Le wokisme, forme suprême du déboussolement

Choses vues :
Paris – New-York

Mon ami Renaud Girard me raconta la chose suivante : en 2023, à la fin d'un agréable vol sur Air France, une sympathique hôtesse lui demanda de remplir un questionnaire. Il accepta naturellement et se mit aussitôt à l'ouvrage, plein d'ardeur et un crayon à la main, afin de cocher et remplir les cases. À un alinéa, notre brave compagnie nationale le pria de déterminer son sexe : masculin, féminin ou autre ? Il eut un instant de très grand flou. Il relut, n'en crut pas ses yeux, et se demanda dans quel monde irréel il était soudain tombé.

On peut tout à fait admettre que des personnes décident de changer de sexe, et ce choix est parfaitement respectable. Un homme peut vouloir être considéré comme une femme, et une femme peut se sentir homme ; le phénomène de la transsexualité, qui a toujours existé, mais reste assez marginal statistiquement, ne remet nullement en cause l'existence de deux sexes. En revanche, biologiquement, il existe seulement des hommes et des femmes.

En conséquence, la récente création d'une catégorie « Autre » n'a aucun sens[1].

Cette anecdote montre la pénétration de l'idéologie *woke*.

« *Woke* », le mot est sur toutes les lèvres. Signifiant « éveillé » en anglais, il désigne un courant politique qui entend déconstruire les fondements de la société occidentale, perçue comme oppressive. Les militants *wokes* promeuvent la théorie du genre ainsi qu'un féminisme radical, dénonçant le « racisme systémique » et le « privilège blanc ». Souvent, la mouvance *woke* a inquiété à cause de certaines de ses pratiques : intimidation et censure, pratiques de réunions en non-mixité (c'est-à-dire interdiction des réunions aux hommes, ou aux personnes hétérosexuelles, ou aux Blancs, etc.), *cancel culture* (ostracisation des personnes avec lesquelles on est en désaccord...).

Ce courant idéologique a souvent été analysé sous l'angle de son contenu. Mais il convient d'en faire l'analyse sociologique et psychologique, voire psychiatrique[2].

Une fausse piste, la philosophie française contemporaine

Souvent, on attribue à la *French theory* des années 1960-1970 la paternité du wokisme : la philosophie contestataire de Deleuze, Derrida, Lyotard, Lacan et Foucault, après avoir traversé l'océan et trouvé le succès sur les campus américains, nous reviendrait

1. Il faut donc bien distinguer la question de la transsexualité de celle de la « non-binarité », trop souvent confondues.

2. On pourra se reporter à l'ouvrage de Pierre Valentin, *Comprendre la révolution woke*, Gallimard, 2023.

aujourd'hui sous la forme du boomerang *woke*. Certes, ces penseurs français ont connu un grand succès outre-Atlantique, aussi bien dans le monde intellectuel et universitaire qu'auprès des militants de la gauche radicale. L'idée de déconstruction, chère au wokisme, vient bien d'eux.

Toutefois, comme l'a bien montré le philosophe Jean-François Braunstein, lui-même disciple de Foucault et critique du wokisme, une différence radicale sépare les *wokes* des auteurs de la *French theory* :

> Les penseurs *wokes* sont des ultra-identitaires qui prétendent combattre au nom de telle ou de telle communauté opprimée : les Noirs, les trans, les gays, etc. Il ne s'agit pour eux que de renforcer ces identités victimaires, voire de les potentialiser à l'aide d'identités intersectionnelles. La notion d'identité est au cœur de leur politique et n'est jamais remise en question. Les philosophes de la *French theory* sont au contraire des penseurs qui s'efforcent de troubler, voire d'effacer, les notions d'identité et de sujet[1].

Le wokisme, un mouvement sectaire

Une chose que l'on ne remarque presque jamais est que le terme « *woke* » (ou ses équivalents dans d'autres langues) fait d'abord et aussi partie intégrante du vocabulaire des sectes religieuses. De nombreuses sectes *New Age* divisent en effet le monde en deux : d'un côté, les quelques « éveillés » membres de la secte, qui verraient

1. Jean-François Braunstein, *La Religion woke*, Grasset, 2022, p. 22. Dans cet ouvrage de référence, l'auteur établit un parallèle entre le wokisme et les hérésies chrétiennes de l'Antiquité, notamment le gnosticisme et le marcionisme, et du Moyen Âge.

la réalité telle qu'elle est, et de l'autre le reste de l'humanité, endormi et inconscient. Adhérer à la secte est perçu comme un processus d'« éveil », de « réveil », d'« ascension ». Être ainsi qualifié d'« éveillé » permet d'apporter au membre de la secte une immense satisfaction narcissique, reposant sur un mépris total pour le reste de l'humanité. Dès lors, l'adepte n'a que faire des critiques puisqu'elles émanent d'aveugles qui n'ont rien compris. Même s'ils ne parlent pas du même objet, wokisme et sectes partagent bien des traits en commun : messianisme, obsessions, difficultés à communiquer avec quelqu'un d'extérieur au mouvement, fierté d'appartenir au groupe, mépris pour tous ceux qui n'en font pas partie, déclin de la pensée critique, purges internes fréquentes, esprit de sérieux, volonté de pureté, agressivité, etc. Le wokisme est une secte politique.

Sur le plan de la psychologie des groupes, les mécanismes à l'œuvre dans le wokisme sont d'une grande banalité. Ainsi l'analogie entre le wokisme et la révolution culturelle maoïste en Chine est frappante : jeunisme, minorité activiste qui prend le contrôle, humiliation des professeurs contraints à faire leur autocritique par les étudiants, pulsion iconoclaste qui pousse à détruire le passé, l'histoire, les statues, les images, purges internes, autocritique publique, etc. Comprendre le fonctionnement des sectes, ou du grand délire que fut la révolution culturelle chinoise, constitue donc une bonne porte d'entrée pour saisir la psychologie du wokisme, car il s'agit du même type de phénomènes. Plus lointainement, le wokisme rappelle la geste de frère Jérôme Savonarole, religieux dominicain qui instaura une dictature théocratique à Florence à la fin du XVe siècle, faisant brûler livres et œuvres d'art sur d'immenses « bûchers des vanités ».

Le grand peintre Botticelli y brûla ses tableaux, tel un vulgaire universitaire américain, contraint de se fustiger par ses étudiants *wokes*.

Le retour des hérésies médiévales

Ainsi peut-on lire le wokisme à l'aune de la thèse de l'historien britannique Norman Cohn, exprimée dans son ouvrage *Les Fanatiques de l'Apocalypse* (1957). Cohn nous y rappelle qu'à partir de l'an mil tout le Moyen Âge et la Renaissance ont été traversés par des mouvements hérétiques, apocalyptiques et millénaristes, souvent violents. Dans l'attente de la fin du monde, des hordes fanatisées et révolutionnaires allaient de ville en ville, prêchant une justice sociale radicale et se livrant à toute sorte d'exactions, notamment contre les Juifs et les prêtres. L'un des épisodes les plus spectaculaires fut la révolte des anabaptistes au XVIe siècle, d'abord avec Thomas Müntzer, puis avec la prise de Münster, petite ville allemande dans laquelle des anabaptistes, se prétendant directement inspirés par Dieu, régnèrent par la terreur durant un an. Cohn voit dans ces hérésies récurrentes la source de l'antisémitisme contemporain. Surtout, il trace un fil conducteur entre elles et le totalitarisme contemporain, communiste et nazi. Or, nous pouvons appliquer la grille de lecture de Cohn au wokisme : celui-ci rappelle ces sectes apocalyptiques, non seulement par ses pratiques, ses aspects psychologiques, son mode de fonctionnement, mais aussi par plusieurs de ses thématiques. Comme l'écrit l'historien Gabriel Martinez-Gros :

> Sans doute les militants de l'antisexisme l'ignorent-ils, mais l'abolition de la distinction des sexes est un des

> thèmes les plus saillants des hérésies millénaristes du christianisme médiéval. Avant la faute, Adam et Eve n'avaient pas de sexe dont ils eussent honte. Comme la nudité, le péché du sexe leur est apparu après qu'ils ont goûté du fruit de la connaissance. Abolir le sexe, c'est abolir la faute et rentrer en innocence[1].

Même si le discours *woke* se diffuse dans la société états-unienne, son point de départ et son épicentre restent les universités. Depuis sa naissance, le monde universitaire a toujours été un lieu d'effervescence et d'agitation puisque l'on y regroupe des gens jeunes – avec tout ce que cela implique de radicalité, d'excitation, d'idéalisme et d'inexpérience, inexpérience qui empêche de saisir les nuances et les complexités de la vie –, globalement oisifs et tournés vers des activités intellectuelles. Et, comme l'avait bien vu George Orwell, « les intellectuels sont portés au totalitarisme bien plus que les gens ordinaires », du fait de leur soif d'absolu, de leur esprit de système et de leur goût pour l'abstraction. Déjà, en 1229, une grève des maîtres et des étudiants, dans une lutte contre l'évêque de Paris et la reine, paralysa l'université parisienne pendant deux années. Au XVe siècle, la Sorbonne, fréquentée par François Villon, poète et délinquant, était un lieu de grande agitation. La crise de Mai 68 partit des universités (notamment de Nanterre et de la Sorbonne), et le 14 mai, le Premier ministre, Georges Pompidou, qui avait tout compris, déclarait : « Je ne vois de précédent dans notre histoire qu'en cette période désespérée que fut le XVe siècle, où s'effondraient les structures du Moyen Âge et où, déjà, les étudiants se révoltaient à la

1. Gabriel Martinez-Gros, *La Traîne des empires. Impuissance et religions*, Passés composés, 2022.

Sorbonne[1]. » N'oublions pas non plus le coût, désormais exorbitant, des inscriptions universitaires dans les facultés américaines. Pour étudier à la médiocre université d'Evergreen, temple du wokisme, il faut débourser 7 500 dollars (et même 21 000 si on vient d'un autre État), à quoi s'ajoutent 9 000 dollars d'internat. Le chiffre grimpe même à 34 000 dollars pour Yale. La dette des prêts étudiants représente 1 600 milliards de dollars. L'étudiant est donc devenu un client qu'il faut satisfaire. Cela explique le degré d'anxiété et de susceptibilité des étudiants américains, leur facilité à se sentir offensés, ainsi que la promptitude des directeurs d'université à céder devant les pressions et revendications du wokisme.

Wokisme et Lumières

On oppose souvent le wokisme et l'esprit des Lumières. Par certains aspects, cette opposition est exacte : le caractère universaliste et rationaliste des Lumières est remis en question par le wokisme, pour qui la rationalité serait en fait une construction sociale destinée à imposer et promouvoir la « suprématie blanche ». Plusieurs figures de gauche, comme Élisabeth Badinter, Laurent Bouvet ou Céline Pina, fustigent le wokisme au nom de l'héritage des Lumières. Mais, par d'autres aspects, le wokisme est l'héritier des Lumières, une sorte d'enfant monstrueux qui se retourne contre sa source. Le wokisme reprend la promesse d'émancipation et l'utopie de l'égalité parfaite, propres à l'Occident et portées au pinacle par les Lumières. Mais trois siècles

1. Discours du Premier ministre Georges Pompidou devant l'Assemblée nationale le 14 mai 1958.

après, malgré les révolutions américaine et française, la promesse est loin d'être tenue. On constate par exemple qu'aux États-Unis les Noirs réussissent moins bien scolairement que les Blancs ou les Asiatiques. Face à une telle situation, le wokisme entend rester fidèle au caractère sacré de la promesse des Lumières. On refusera de chercher des causes sociologiques, historiques et culturelles à ces inégalités au sein du groupe qui les subit. Par exemple, on refusera d'admettre que le fort taux de familles monoparentales chez les Afro-Américains obère la scolarité des enfants noirs, car cela serait perçu comme raciste, et surtout cela constituerait un aveu, au moins partiel, d'impuissance. En s'attachant au caractère sacré de la promesse égalitaire, le wokisme est donc amené à expliquer le maintien d'inégalités réelles par le racisme et les privilèges des groupes perçus comme dominants. Si, statistiquement, il apparaît qu'un groupe réussit mieux qu'un autre dans un domaine, cela ne peut être que de la faute du groupe qui réussit mieux, sans aucun mérite de sa part, tout simplement parce qu'il constitue un groupe exploiteur et oppresseur.

La promesse de la modernité, portée par les Lumières, était : « Vous serez tous des maîtres ! » Or, que faire lorsqu'on constate que la promesse n'est pas tenue ? Plusieurs réactions sont alors possibles : certains rejetteront en bloc l'héritage des Lumières et s'attacheront à la chimère de restaurer un ordre hiérarchique et inégalitaire : c'est par exemple le fantasme des suprémacistes blancs aux États-Unis. D'autres essaieront de montrer que la réalité est plus complexe et nuancée que ce que la modernité nous avait annoncé, et que si les acquis des Lumières doivent être défendus, cela ne peut se faire qu'en les pondérant par la prise en compte de la réalité sociale et historique. D'autres encore ont tellement été imprégnés par la promesse des Lumières qu'ils refuseront de l'abandonner et adopteront une attitude radicale : face à une réalité qui déçoit, il faut trouver des coupables. C'est cette option que choisissent les militants *wokes* : la promesse initiale doit être tenue à tout prix, même si pour cela d'autres aspects des Lumières doivent être abandonnés, comme l'esprit critique, la liberté d'expression ou le rationalisme.

Philippe d'Iribarne a raison de rappeler que « la promesse d'égalité parfaite et immédiate se révèle mensongère, et rien ne laisse présager qu'elle cessera bientôt de l'être. Le mouvement *woke* et le courant décolonial apportent une réponse radicale : pour eux, si la promesse n'a pas été tenue, c'est du seul fait de la résistance de dominants attachés à leurs privilèges[1] ».

Autre héritage des Lumières à l'œuvre dans le wokisme : le constructivisme, c'est-à-dire l'idée qu'il n'y a plus d'opacité au cœur de la société, qui peut être entièrement transparente à elle-même et dont on peut dévoiler tous les rouages. Mathieu Bock-Côté voit juste quand il affirme :

> La société ne peut jamais être entièrement connue. Une société n'est jamais le fruit d'une planification rationnelle intégrale, et la connaissance que peut en avoir l'homme demeure partielle et limitée. Elle n'est absolument pas transparente à elle-même, la culture comportant une dimension symbolique qui ne se laisse pas manipuler selon les codes de l'ingénierie sociale. C'est ce que nous disait Paul Ricœur, qui parlait du noyau éthico-mythique de chaque peuple et de chaque civilisation[2].

1. Philippe d'Iribarne, « La folie "*woke*" et décoloniale, fille de l'utopie de l'égalité parfaite propre à l'Occident », *Le Figaro*, 29 mars 2021.
2. Mathieu Bock-Côté, *La Révolution racialiste. Et autres virus idéologiques*, Presses de la Cité, 2021.

Wokisme, imaginaire américain et puritanisme protestant

Au-delà même de la question des « Grands Réveils protestants », le wokisme s'inscrit en fait en profondeur dans l'histoire longue et dans l'inconscient collectif des États-Unis. Au XVIIe siècle, des protestants puritains quittèrent l'Angleterre pour fuir les persécutions religieuses. Ils voyaient dans l'Amérique une immense nature, vierge de tout héritage historique, une table rase, un nouvel Éden, où ils pourraient fuir les péchés de la vieille Europe. Leur idéologie religieuse et la répression qu'ils devaient endurer les prédisposaient déjà à la paranoïa, au sentiment d'insécurité, au fanatisme et au sectarisme. L'idée de repartir de zéro est donc fondatrice de l'imaginaire américain : on la trouve aussi bien dans les affaires avec le modèle du self-made-man que dans le wokisme avec l'affirmation que tout pourrait être déconstruit et reconstruit à volonté (y compris le genre) ou la *cancel culture*.

Comme l'analysent le politologue Guillaume Bigot et le journaliste Alexandre Devecchio, « les *wokes* rejouent l'épopée des pères fondateurs de l'Amérique et entendent abolir le passé honni pour fonder une nouvelle terre de pureté[1] ». Ce puritanisme protestant nourrit une obsession pour le mal, la faute, le péché et la culpabilité. Il s'agit de débusquer le mal chez soi et chez l'autre, grâce à une véritable inquisition hystérique et paranoïaque. Le wokisme américain est

1. Guillaume Bigot et Alexandre Devecchio, « De l'art de dissoudre les peuples », in *Bienvenue dans le pire des mondes. Le triomphe du soft totalitarisme*, sous la direction de Natacha Polony, J'ai lu, 2018.

« l'expression du vieux fonds pudibond hérité des Wasp[1]. Il faut lire les pages de Tocqueville sur l'apport des communautés religieuses à l'esprit américain. La mesquinerie ou le ressentiment qu'expriment les revendications des gays, des partisans de la théorie du genre ou de la fierté noire y sont décrits de manière prophétique[2] ».

Ce phénomène de traque du péché fut manifeste dans le fameux procès des sorcières de Salem (1693), après lequel quatorze femmes et six hommes furent exécutés parce qu'on croyait qu'ils se livraient à la sorcellerie. Ce tragique épilogue fut le résultat d'un délire collectif où se mêlaient extrémisme religieux, isolement de petites communautés, hallucinations, fausses accusations et erreurs de procédure. Dans les années 1950, c'est avec le maccarthysme que réapparaît la paranoïa puritaine américaine. Le parallélisme entre cette nouvelle psychose et les sorcières de Salem n'avait échappé à personne puisqu'on parlait de « chasse aux sorcières » et qu'Arthur Miller écrivit une pièce intitulée *Les Sorcières de Salem* pour dénoncer en fait cette politique. Le résumé que l'historien Pierre Milza fait du maccarthysme semble écrit pour le wokisme et la *cancel culture* actuels :

> La chasse aux sorcières bat son plein, frappant des milliers de fonctionnaires, d'hommes politiques, de journalistes, de personnalités appartenant au monde des arts, des lettres et du spectacle, poussés aux aveux ou à la dénonciation de leurs collègues, souvent démis de leurs fonctions ou contraints au chômage par l'inscription sur

1. NDA : acronyme de *White Anglo-Saxon Protestant*, désignant les Américains blancs et protestants de souche anglo-saxonne.
2. *Ibid.*

des listes noires, quelques fois à l'exil (Charlie Chaplin, Jules Dassin, père de Joe Dassin, Losey[1]).

Le wokisme est un maccarthysme d'extrême gauche. Après le traumatisme du 11 septembre 2001, c'est vers le terrorisme et le Moyen-Orient musulman que se porta la tendance américaine à la paranoïa, avec des lois liberticides (*Patriot Act*), des guerres délirantes et un discours sur l'« axe du mal ». Mais l'échec des interventions militaires a provoqué un dégoût pour l'aventurisme militaire dans cette région du monde, et déplacé la paranoïa américaine vers le wokisme et les débats liés aux questions de race et de genre. Aujourd'hui, les *wokes* traquent de supposées formes de racisme ou d'homophobie avec le même acharnement que leurs ancêtres traquaient les sorcières, cherchant à débusquer le mal au plus profond de l'être humain, même dans ses pensées.

Cette centralité du péché et du salut dans le puritanisme protestant explique le besoin d'exhiber publiquement sa vertu pour montrer que l'on fait partie des « élus » qui seront sauvés par Dieu. L'on pourra se sentir ainsi supérieur aux autres. Contrairement à l'indulgence du catholicisme pour les fautes d'autrui, reposant sur la conscience de la faiblesse humaine, la perspective est celle de la sévérité et de l'intolérance. Cette culture de la faute aboutit parfois à produire des charlatans manipulateurs et hypocrites, comme l'a montré le romancier Sinclair Lewis avec le personnage d'Elmer Gantry[2], un VRP qui, obsédé par la confession

1. Pierre Milza, *Les Relations internationales. 1945-1973*, Hachette Éducation, 1996.

2. Sinclair Lewis, *Elmer Gantry. Le charlatan*, Phébus, 1998 (parution originale en 1926).

publique, passe son temps à menacer les autres de la damnation et des flammes de l'enfer... tout en étant lui-même un grand pécheur.

Dans les années 1960, l'historien Richard Hofstadter identifiait le « style paranoïaque[1] » comme l'un des marqueurs de la vie politique américaine, faisant de toute question un « match de catch entre le bien et le mal ». On ne pourrait pas mieux décrire le wokisme aujourd'hui.

Il découle de cela une forte propension à la confession publique. La confession privée des catholiques n'existe pas dans le protestantisme. Tandis que les Juifs et les catholiques intègrent leur communauté par des rituels durant l'enfance, beaucoup de protestants doivent déclarer leur foi sous les yeux de leurs coreligionnaires adultes... et avouer leurs péchés devant eux. Cette pratique d'origine religieuse imprègne toute la vie américaine, par exemple dans les émissions télévisées, où des animateurs recueillent la confession et les excuses de stars du cinéma, de la chanson ou du sport, foudroyées par leur addiction au sexe, à la drogue ou à l'alcool, sous les yeux de millions de spectateurs. N'oublions pas que les Alcooliques anonymes, où l'on fait part de ses victoires contre la bouteille sous les applaudissements, sont une invention américaine. Là encore, les *wokes* raffolent de la confession publique, où chacun avoue ses pensées racistes, homophobes ou sexistes.

Chez les anciens protestants, le succès financier et l'austérité des mœurs, notamment sur le plan sexuel, étaient des signes d'élection divine. Cela ne les empêchait

1. Richard Hofstadter, *The Paranoïd Style in American Politics*, 1964. Traduction française : *Le Style paranoïaque. Théories du complot et droite radicale en Amérique*, Bourin éditeur, 2012.

pas de posséder des esclaves en toute bonne conscience. Aujourd'hui, c'est l'antiracisme qui permet de signaler sa vertu, comme le souligne Ian Buruma :

> Parmi leurs équivalents contemporains apparaîtrait certainement M. Philip Knight, le cofondateur de Nike, qui a validé une campagne contre le racisme [...] avant de financer certains des élus républicains les plus droitiers. Il coudoierait à la même table M. Jeff Bezos, dont la compagnie, Amazon, a accroché sur la page d'accueil de son site Internet une bannière *Black Lives Matter*, tout en continuant de vendre ses logiciels de reconnaissance faciale à la police[1].

Un protestantisme zombie

Le wokisme est enfin une fièvre idéologique liée aux évolutions du protestantisme américain.

Le mot « *woke* » trouve une résonance particulièrement vive dans l'histoire du protestantisme anglo-saxon, qui fut jalonné par une série de trois « Grands Réveils », tous trois destinés à raviver la vigueur d'une foi chrétienne perçue comme attiédie et à renouer avec la pureté des origines du protestantisme. Le premier « Grand Réveil » (*Great Awakening*) eut lieu au Royaume-Uni entre les années 1720 et 1770, avec des prédicateurs qui ne cessaient de menacer leur auditoire avec la peur de l'enfer. Initié au Royaume-Uni, il se diffusa dans les colonies britanniques (notamment américaines) et inspira certains meneurs de la guerre d'indépendance. Le deuxième eut lieu entre les années 1790 et les années 1850, et vit notamment la création

---

1. Ian Buruma, « L'éthique protestante et l'esprit "*woke*" », *Le Monde diplomatique*, septembre 2023.

de l'Église épiscopale méthodiste africaine, Église noire qui se sépara des églises méthodistes blanches pour protester contre l'esclavage et le racisme. Le troisième commença dans les années 1860 et dura jusqu'au début du XXe siècle, associant à la dimension religieuse plusieurs clauses éthiques : prohibition de l'alcool, lutte contre le racisme, droit de vote des femmes, etc.

Aujourd'hui, les grandes Églises protestantes traditionnelles, qui ont longtemps structuré la vie sociale du pays, ont vu leur influence reculer, laissant des individus livrés à eux-mêmes, angoissés, en crise métaphysique, et donc à la recherche d'un sens. En 1965, 50 % des Américains appartenaient à l'une des huit grandes Églises protestantes traditionnelles, contre 4 % aujourd'hui. Quelques-uns ont répondu à ce recul en se convertissant au catholicisme, beaucoup en optant pour le néoprotestantisme évangélique (bien plus démonstratif que le vieux calvinisme), d'autres encore, chez les plus jeunes, en basculant dans le wokisme.

Le wokisme est le fruit de cette inquiétude religieuse : il reprend la matrice du protestantisme, mais en la sécularisant et en l'hystérisant. Il abolit la référence à Dieu, au Christ et à la Bible, mais hérite du logiciel protestant l'obsession pour la pureté, le péché, la culpabilité. Comme le déclarait l'universitaire Joseph Bottum :

> Quand je dis à mes étudiants qu'ils sont les héritiers de leurs grands-parents protestants, ils sont offensés. Mais ils ont exactement la même approche moralisatrice et le même sens exacerbé de leur importance, la même condescendance et le même sentiment de supériorité exaspérante et ridicule que les protestants puritains. Il y a des douzaines d'exemples de religiosité visibles dans le comportement *woke* : ils s'allongent par terre face au sol et gémissent, comme des prêtres que l'on consacre.

> Ils ont organisé une cérémonie à Portland durant laquelle ils ont lavé les pieds de personnes noires pour montrer leur repentir pour la culpabilité blanche. Ils s'agenouillent. Tout cela sans savoir que c'est religieux ! [...] Le protestantisme a été le Mississipi qui a arrosé le pays. Et c'est toujours le cas ! C'est juste que nous avons maintenant une église du Christ sans le Christ. Cela veut dire qu'il n'y a pas de pardon possible. Dans la religion chrétienne, le péché originel est l'idée que vous êtes né coupable, que l'humanité hérite d'une tache qui corrompt nos actions et nos désirs. Mais le Christ paie les dettes du péché originel, nous en libérant. Si vous enlevez le Christ du tableau en revanche, vous obtenez... la culpabilité blanche et le racisme systémique[1].

L'homme est un être profondément religieux. Lorsque sa passion religieuse n'est plus canalisée par les formes traditionnelles de la vérité, elle investit le champ politique. La dépolitisation qui frappe les sociétés occidentales favorise ce glissement. Les grands récits idéologiques ayant disparu, la place est libre pour que des pulsions moralo-religieuses viennent investir le domaine politique. Et comme la politique paraît de plus en plus impuissante, on voit les questions politiques se muer en questions morales : montrer sa vertu devient plus important que rechercher un impact concret sur le cours des choses.

Le wokisme, reflet de la société américaine

Les États-Unis sont depuis toujours hantés par le sentiment d'insécurité. Leur obsession pour le mal et la violence se traduit bien dans leur production

1. Joseph Bottum, « La passion religieuse a échappé au protestantisme et met le feu à la politique », *Le Figaro*, 24 septembre 2020.

cinématographique, notamment dans leur goût pour le film d'horreur. Pendant trois siècles, les familles y ont vécu dans l'angoisse d'une attaque d'Indiens (problème qui s'acheva par une extermination de masse). Et l'on peut se demander si le monstre ou le tueur des films d'horreur n'est pas juste une actualisation de la figure de l'Indien. Aujourd'hui, le taux d'homicides pour 100 000 habitants y est de 5,4. C'est plus qu'au Pakistan ou en Angola. En France, il est de 1,5. Comme l'écrit Guillaume Perrault : « On conduit prudemment aux États-Unis. Car en cas d'accident et de dispute entre deux automobilistes, chacun connaît la possibilité que l'inconnu qui vous fait face sorte un fusil d'assaut pour régler le différend, ou tout au moins vous porter à la conciliation. L'éventualité de la violence est là, présente en arrière-plan. Les citoyens l'ont intégrée[1]. »

Les militants *wokes* n'échappent pas à ce sentiment collectif d'angoisse et d'insécurité. Ils voient partout des « microagressions » et désirent constituer des « *safe spaces* », des espaces de sécurité en non-mixité, où les femmes se retrouveraient entre elles, les gays ou les Noirs entre eux... à l'abri de toute agression sexiste, homophobe ou raciste. Cela nous paraît délirant. Mais le « *safe space* » n'est que l'équivalent politique gauchiste de la « *panic room* » (des pièces fortifiées que de nombreux Américains font construire chez eux pour s'y réfugier en cas d'intrusion hostile dans leur domicile) ou des « *gated communities* » (quartiers résidentiels américains fermés et sécurisés pour riches). Et, en face de ces « *gated communities* » se dressent les réserves indiennes ou les ghettos noirs, dans lesquels on naît, on vit et on meurt... Le « *safe space* » des *wokes* est

1. Guillaume Perrault, « Violence et légalisme, une tension au cœur de la culture américaine », *Le Figaro*, 8 janvier 2021.

aussi l'équivalent des bunkers antiatomiques que se faisaient construire les familles américaines au fond de leur jardin durant les années 1950-1960 en cas de guerre nucléaire avec l'URSS, ou des abris, dotés en armes et nourriture, que bâtissent aujourd'hui les militants de l'extrême droite survivaliste américaine.

De mêmes, les bases militaires américaines (en Afghanistan, en Irak, et même sur le sol américain) sont des camps retranchés autonomes, sans lien avec la population locale, sur le modèle des forts construits en terre indienne au XIXe siècle. On retrouve le même mode d'organisation avec les campus universitaires, véritables villes coupées de leur environnement local, avec leurs propres commerces, leurs propres services de transport (des navettes affrétées par l'université relient le campus à la gare ou à l'aéroport) et leur propre police. La peur de l'agression, le repli sur soi communautaire, la volonté d'isolement et de séparation (perçus comme des remèdes à l'insécurité), la constitution d'enclaves fermées et autistiques ne sont nullement le monopole des *wokes*, mais sont au cœur de la mentalité américaine.

Le wokisme ne fait que reprendre, de manière militante et exacerbée, cette matrice commune. Il existe deux sujets de prédilection qui obsèdent de manière névrotique le puritanisme américain : le sexe et la race. Or, ce sont deux sujets dont les *wokes* parlent en permanence. Cette obsession pour la race se manifeste depuis longtemps par un profond racisme (Ku Klux Klan, ségrégation, etc.). Mais désormais, cette même obsession racialiste se manifeste aussi à travers le discours des *wokes*. Le soi-disant antiracisme *woke* est lui-même racialiste, et même raciste. En militant pour la non-mixité, le wokisme reprend la logique du Ku Klux Klan et des partisans de la ségrégation (qui sont pourtant censés être ses ennemis et se situer à l'opposé du spectre politique). Ségrégation raciste et non-mixité *woke* fonctionnent de la même façon dans la pratique (séparer les Blancs et les Noirs) et ont les mêmes racines psychologiques : obsession pour la race, incompréhension devant l'altérité – s'articulant à un sentiment d'insécurité (l'autre est forcément une menace) –, etc.

On s'étonne aussi des discours *wokes* sur la sexualité et le genre, mais ils sont l'exact pendant des délires de la droite religieuse américaine. En Californie, au début des années 1980, des mères pieuses s'étaient imaginé que les manuels scolaires étaient remplis d'images pornographiques placées là par les démocrates. Elles entreprirent donc d'examiner en détail tous les manuels scolaires au microscope, finirent bien sûr par trouver de minuscules images subliminales à caractère sexuel (qu'elles étaient pourtant les seules à voir...) et obtinrent le retrait des manuels. La même logique était à l'œuvre récemment chez une femme qui, en vidéo, expliquait qu'elle ferait campagne contre les professeurs qui forceraient ses enfants à porter un masque, agirait pour qu'ils soient licenciés et ne retrouvent plus jamais un emploi. Cette militante de droite hystérique pratique une forme de *cancel culture* qui n'a rien à envier aux usages totalitaires du wokisme. Et si ce maccarthysme s'enkyste dans nos sociétés, il risque d'avoir raison de nos dernières défenses. Le wokisme apparaîtra alors pour ce qu'il est : l'acmé du déboussolement de l'Occident. Pour notre plus grand malheur.

11

Le wokisme globalisé

Bruno Solo face à George W. Bush

Le wokisme, phénomène typiquement américain, échouera-t-il à prendre racine en France ? Pas nécessairement. Comme l'ont pressenti Alexis de Tocqueville, Georges Duhamel ou Georges Bernanos, l'une des tendances lourdes de notre époque est l'américanisation du monde. Les fast-foods sont une invention typiquement américaine : on ne peut pas les comprendre si on oublie qu'ils viennent des États-Unis. Pourtant, ils pullulent aujourd'hui en France. Avec 1 500 établissements (contre 550 en Espagne et 640 en Italie), la France est le pays qui compte le plus de McDonald's en Europe. De même, dans les tribunaux, on ne compte plus les prévenus qui appellent le juge « Votre honneur », ignorant que cela ne se fait pas en France. Si nous n'opérons pas notre indispensable redressement moral et intellectuel, il en ira de même pour le wokisme.

Je me souviens d'une anecdote. C'était en 2003 ou 2004. Nous étions en pleine guerre d'Irak. J'étais alors lycéen. Un samedi soir, je tombe par hasard sur une émission de variétés. Le comédien Bruno Solo et ses amis interprètent la chanson de Joe Dassin intitulée « L'Amérique ». Sa prestation terminée, Bruno Solo tient à préciser que l'Amérique chantée par Joe Dassin n'a rien à voir avec celle de George W. Bush en train de faire la guerre à l'Irak. À la même époque, Bruno Solo interprétait le personnage d'Hervé Dumont dans le feuilleton *Caméra Café*, que je suivais assidûment. Ce Dumont était le délégué syndical de l'entreprise : très à gauche, passionné de cinéma, il défendait l'exception culturelle française et abhorrait les États-Unis. Tout cela était très banal.

Cela pour dire qu'il existait alors, dans la vie politique française, un sentiment antiaméricain diffus et ancien, qui connaissait mille et une nuances, des plus modérées aux plus radicales. On en voyait des manifestations à l'extrême droite, chez Jean-Marie Le Pen par exemple, à droite, avec Charles Pasqua, Jacques Chirac et Dominique de Villepin (héritage gaulliste oblige), à gauche, avec Jean-Pierre Chevènement, Jean-Luc Mélenchon ou les communistes, chez les écologistes (José Bové démontait des McDonald's), et à l'extrême gauche. Aujourd'hui, je suis frappé par la rapide disparition de cette thématique que j'aurais pourtant cru éternelle dans notre pays[1].

Le plus surprenant est qu'une partie de la gauche radicale française, courant radicalement antiaméricain il y a encore dix ans, a aujourd'hui non seulement mis cette thématique en sourdine, mais s'est totalement convertie à la rhétorique *woke*. Lors de l'élection de 2017, jamais on n'aurait pu imaginer qu'à peine trois ans plus tard, Jean-Luc Mélenchon irait physiquement et publiquement mettre un genou à terre, important

1. On pourrait m'objecter qu'en 2024 on peut dire « L'Amérique qu'on aime, ce n'est pas celle de Trump ». Mais justement, la critique de Trump, Président isolationniste, n'a rien à voir avec la critique de George W. Bush, Président belliciste, car, à travers lui, c'est l'impérialisme états-unien qui était visé.

ainsi en France un geste qui n'a de sens que dans le contexte états-unien, tant l'antiaméricanisme du chef de LFI me paraissait alors viscéral. Pourtant, le 9 juin 2020, accompagné de son lieutenant Adrien Quatennens, il alla à Canossa place de la République, et posa un genou à terre.

Américanisation égale wokisation

Si la gauche radicale se « wokise », c'est parce que toute la politique française s'américanise. Au fur et à mesure que leur culture politique régresse, nos personnalités publiques se vivent de plus en plus comme des personnages de séries télévisées ou de films américains. Le processus est d'ailleurs souvent comique, tant les contresens des hommes politiques français sur la signification de ce qu'ils empruntent aux Américains sont nombreux. Lycéen, j'avais appris que l'élection présidentielle française était la rencontre d'un homme et d'un peuple, indépendamment des partis, contrairement au schéma américain. Depuis, j'ai vu apparaître des « primaires » : celles du Parti socialiste en 2011 et 2016, celles de la droite en 2016 et 2022. Cela n'a pas porté chance à Manuel Valls, Alain Juppé, Nicolas Sarkozy, Xavier Bertrand, hommes politiques en vue, mais qui ne passèrent pas le cap de la primaire. Mais cela n'a pas plus porté chance aux vainqueurs des primaires que furent François Fillon, Benoît Hamon ou Valérie Pécresse, qui ne transformèrent pas l'essai en conquête de l'Élysée. Ce n'est pas surprenant. D'une part, la mécanique de la primaire américaine s'inscrit dans une histoire, dans des mentalités, dans des pratiques politiques, dans des institutions, bref, dans un imaginaire tout à fait différent de celui des Français. D'autre part, l'élection présidentielle américaine n'a qu'un tour. Contre deux pour l'élection française. Organiser une primaire en France n'est donc pas nécessaire, puisque notre premier tour de la présidentielle en tient lieu. Instaurer une ou deux primaires revient à faire une élection à quatre ou six tours !

Emmanuel Macron eut le bon sens de refuser les primaires, qu'il compara à des « concours de vachettes ». Cela joua beaucoup dans son élection... mais ne l'empêcha nullement de plagier les États-Unis sur bien d'autres points. Comme le note Régis Debray : « 2017, le candidat à la présidentielle, M. Macron, ancien ministre de l'Économie et de l'Industrie, écoute *La Marseillaise* non les bras le long du corps, mais dans la posture exigée des citoyens américains lors de l'exécution de l'hymne national : bras droit replié, main sur le cœur[1]. » Là encore, je pense aux jeunes issus de l'immigration à qui on demande de s'assimiler. On a raison sur le fond. Mais cela risque d'être compliqué lorsque les principaux responsables de la nation s'empressent d'abandonner les us et coutumes français pour imiter, servilement et souvent à contretemps, ceux d'un autre pays.

Quid de la droite dure ? Elle aussi a besoin de l'onction de « l'Empire ». Ainsi le candidat Éric Zemmour put se féliciter d'un « long et chaleureux entretien téléphonique avec Donald Trump ». Et face à ceux qui lui reprochaient d'aller trop loin, il répondait que c'était la transgression qui avait permis à Donald Trump de l'emporter en 2016. Là encore, la méprise est totale. Les Français ne se font pas la même image d'un Président, héritier des rois de France, que les Américains,

1. Régis Debray, *Civilisation. Comment nous sommes devenus américains*, Gallimard, 2017, p. 99.

qui n'ont jamais connu la monarchie. Contrairement à Éric Zemmour, Donald Trump avait derrière lui un grand parti (le Parti républicain). Et surtout, loin de se réduire aux sujets identitaires et culturels, la campagne de Donald Trump avait aussi beaucoup insisté sur la réindustrialisation et le protectionnisme.

Paradoxalement, plus les États-Unis s'affaiblissent géopolitiquement et économiquement et voient leurs fractures internes s'exacerber, plus leur emprise culturelle s'accroît. Comme le résume Jérôme Fourquet, « chacun a son rêve américain : la France macroniste a la *start-up nation* et les Starbucks, les banlieues ont le rap... Même l'extrême gauche française récupère des concepts américains, comme l'intersectionnalité ou la figure de la sorcière pour les féministes. Et la France des Gilets jaunes a Johnny, les Buffalo Grill et la country[1]. »

Des minorités contre le wokisme

En fait, le wokisme paraît peu soucieux du sort réel et concret des minorités. Il semble surtout être un moyen de distinction sociale.

Le sociologue Pierre Bourdieu a montré que certaines pratiques ne trouvaient pas leur fin en elles-mêmes, mais étaient des moyens de se distinguer de la masse. Ainsi on peut aller au musée non pas tant par amour de l'art que pour se distinguer de ceux qui n'y vont pas[2]. Cette conception peut très bien s'appliquer au

1. Jérôme Fourquet, « La country : une danse en plein essor, mais parfois moquée », *Le Parisien*, interview réalisée par Juliette Duclos et mise en ligne le 1er novembre 2022.

2. Pierre Bourdieu, *La Distinction. Critique sociale du jugement*, Les Éditions de Minuit, 1979.

wokisme, où il s'agit de régler ses propres névroses personnelles en montrant son appartenance à une élite morale et en se distinguant de tous ceux qui n'ont pas compris les profondes vérités que nous livrerait la culture *woke*. Si le wokisme attire, ce n'est pas *malgré* son caractère incongru, mais bien *en raison de* son caractère incongru, qui, en heurtant le sens commun, donne le sentiment d'être plus éclairé que les autres.

C'est peut-être des minorités que viendra le sursaut contre le wokisme outre-Atlantique. Très attachés au système méritocratique, les Asiatiques sont particulièrement hostiles aux pratiques de « discrimination positive » en faveur des Noirs. En 2021, un référendum visant à rétablir de telles mesures, qui avaient été suspendues cinq ans plus tôt, vit le « non » l'emporter avec 57 % des voix, à la surprise générale. Ce résultat s'explique par le vote des Asiatiques, mais aussi des Latinos et des Arabes.

À l'université de Georgetown, c'est une professeur d'origine palestino-jordanienne qui résiste le plus courageusement au wokisme : « La domination progressive de la "culture *woke*" sur les campus me fait penser à l'essor de l'islamisme dans le monde arabe pendant les années 1980. [...] L'idéologie "*woke*" a tous les aspects d'un phénomène religieux. [...] Contre cette nouvelle censure, les gens de gauche sont incapables de défendre les principes les plus fondamentaux, comme la liberté d'expression[1]. »

Nombreux sont aussi les Noirs qui voient dans le wokisme un véritable racisme à leur endroit. Le linguiste John McWhorter dénonce ainsi le « racisme

1. Lama Abu-Odeh, « La culture "*woke*" me fait penser à l'essor de l'islamisme dans le monde arabe », *Le Figaro*, 3 juin 2021, propos recueillis par Adrien Jaulmes.

woke », « nouvelle religion qui a trahi l'Amérique noire ». Déguisée en antiracisme, cette vision

> nous interdit, à nous les non-Blancs, d'être des personnes individuelles, en partant de l'idée que le racisme blanc est si lourd que notre définition de nous-mêmes doit être façonnée en fonction de lui, bien que cela exagère considérablement le rôle du racisme dans la vie de la plupart des Noirs – y compris le fait que la brutalité policière, bien qu'épouvantable, n'est qu'un des milliers de types d'expériences que l'on traverse du berceau à la tombe, si tant est qu'on la traverse[1].

Les antiracistes blancs sont animés par une profonde condescendance et un complexe du sauveur, « faisant passer les Noirs pour les êtres humains les plus stupides, les plus faibles et les plus complaisants avec eux-mêmes de l'histoire de notre espèce, et apprennent aux Noirs à se délecter de ce statut et à le chérir comme faisant de nous des êtres spéciaux[2] ».

L'économiste afro-américain Glenn Loury est également révolté par des textes qui expliquent que la logique ou la ponctualité seraient des signes de la « suprématie blanche[3] »... comme si les Noirs ne pouvaient pas être rationnels et ponctuels. Les clichés du racisme sont ainsi ressortis des placards sous prétexte d'antiracisme.

Cette vision aboutit à des conséquences caricaturales et dangereuses, comme l'illustre la publication d'un

1. James McWhorter, *Woke Racism*, cité par Jean-François Braunstein dans *La Religion woke*, *op. cit.*, p. 191.

2. *Ibid.*

3. Il est d'ailleurs intéressant de constater que les concepts de « privilège blanc » et de « fragilité blanche », centraux dans le wokisme, ont été élaborés... par des Blancs ! Le « privilège blanc » par Peggy McIntosh et la « fragilité blanche » par Robin DiAngelo.

manuel américain de mathématiques pour enfants noirs. Parrainé par la fondation de Bill Gates, cet ouvrage entend « démanteler le racisme dans les cours de mathématiques[1] ». Dans ce curieux ouvrage, on ne demande plus aux enfants de fournir la bonne réponse, car cela serait une forme de violence raciste à leur égard... On y apprend aussi que la précision doit laisser le pas à l'approximation, et que le cours doit être remplacé par des discussions libres où les idées viendront spontanément aux élèves. Des militants racistes considérant que les Noirs sont intellectuellement antiracistes n'auraient pas écrit autre chose.

À San Francisco, ce sont deux jumelles noires de 17 ans, Emoni et Lemoni, qui ont lutté pour que leur lycée nommé Abraham-Lincoln (le Président qui a aboli l'esclavage) ne soit pas débaptisé sous la pression des *wokes*, qui reprochaient à Lincoln d'avoir fait fusiller des Indiens révoltés en 1862.

Le célèbre acteur noir Morgan Freeman a lui aussi pris position contre le wokisme : « Comment faire cesser le racisme ? En arrêtant d'en parler. Ne vous adressez pas à moi en tant que Noir, je ne vous parlerai pas en tant que Blanc. Parlons-nous de personne à personne. » Critiquant le *Black History Month*, ce mois consacré aux Noirs et à leur histoire, il souligne qu'il trouve ce concept insultant et réducteur : « Mon histoire ne se cantonne pas à un mois. L'histoire des Noirs fait partie de l'histoire de l'Amérique. [...] Et l'Afrique n'est pas qu'un seul pays, c'est un continent comme l'Europe. » Il partage également les propos de Denzel Washington, qui déclare : « Je suis très fier d'être noir, mais mon identité ne se résume pas à cela. »

1. *A Pathway to Equitable Math Instruction*, cité par Jean-François Braunstein, *La Religion woke*, *op. cit.*, p. 189.

Morgan Freeman a également critiqué le mouvement Black Lives Matter en soulignant que baisser le budget de la police était inepte et mettrait les Noirs en danger du fait de la hausse de la criminalité[1].

Les marxistes américains, gravitant autour de revues socialistes, sont également très critiques à l'égard du wokisme[2], perçu comme un mouvement petit-bourgeois, totalement soluble dans le capitalisme, bénéficiant du soutien des grandes entreprises et occultant la lutte des classes au profit de thématiques raciales et identitaires. Or un bon nombre d'entre eux sont noirs – comme les universitaires Barbara J. Fields, Adolph L. Reed ou Karen E. Fields. Ils doivent faire face aux accusations de militants *wokes* qui les traitent de « traître » et d'« oncle Tom[3] ».

Le wokisme, comme source d'affaiblissement géopolitique

On peut s'étonner du paradoxe : alors qu'il fustige la domination blanche, le wokisme est un mouvement exclusivement occidental, auquel le reste du monde demeure rétif.

---

1. « *Morgan Freeman says the terms "Black History Month" and "African American" are insults* », *The Guardian*, 15 avril 2023.

2. L'un des premiers marxistes américains à avoir pointé du doigt le danger est Walter Benn Michaels. Voir son ouvrage *La Diversité contre l'égalité*, Liber, 2009.

3. En référence au roman d'Harriet Beecher Stowe *La Case de l'oncle Tom*, paru en 1852. Ce roman sentimental dénonce l'horreur de l'esclavage, mais affirme que l'amour chrétien peut la transcender. Cet ouvrage abolitionniste connut un immense succès et exacerba les tensions, contribuant ainsi à l'éclatement de la guerre de Sécession. Dans l'argot afro-américain, le terme d'« oncle Tom » désigne avec mépris un Noir soumis et déférent.

Divisant profondément les sociétés occidentales, le wokisme est une source d'affaiblissement sur le plan international.

Les concurrents stratégiques ont adopté une attitude ambivalente, qui consiste tantôt à reprendre certaines thématiques *wokes*, tantôt, au contraire, à utiliser le wokisme comme un épouvantail pour souligner le déclin moral de l'Occident. Après la mort de George Floyd, l'Iran, la Russie et la Chine s'empressèrent de faire part de leur inquiétude concernant le racisme, les violences policières et les atteintes aux droits de l'homme aux États-Unis. La démarche n'est pas nouvelle : déjà, au temps de la guerre froide, l'URSS, Fidel Castro à Cuba et Erich Honecker en RDA communiste recevaient Angela Davis, figure emblématique du Black Panther Party, mouvement nourri de guévarisme et de maoïsme. Et durant la guerre du Vietnam, le militant Eldridge Cleaver s'adressait aux soldats américains noirs depuis la radio communiste nord-vietnamienne et se rendait en Chine et en Corée du Nord, pays communistes qui apportaient leur soutien moral aux Black Panthers.

Aujourd'hui, le géopolitologue russe Alexandre Douguine, dont on dit à tort ou à raison qu'il aurait l'oreille de Vladimir Poutine, considère que, pour diviser et affaiblir les États-Unis, la Russie doit attiser la question noire, et pour cela soutenir aussi bien les mouvements racistes et suprémacistes blancs que les groupes noirs radicaux qui sévissent aux États-Unis.

Lorsqu'il fustige le néocolonialisme français en Afrique, Vladimir Poutine retrouve la rhétorique tiers-mondiste et anti-impérialiste de l'URSS. De même, après la mort de Nahel à Nanterre, l'Algérie, la Turquie et l'Iran condamnèrent le supposé racisme antimusulman de la France.

Mais les mêmes pays utilisent également le wokisme comme un épouvantail. Comme le résume Emmanuel Todd :

> La Russie telle qu'elle s'est repositionnée comme archétype de la grande puissance, non seulement anticolonialiste, mais aussi patrilinéaire et conservatrice des mœurs traditionnelles, peut séduire beaucoup plus loin. [...] Il est évident que la Russie de Poutine, devenue moralement conservatrice, est devenue sympathique aux Saoudiens, dont je suis sûr qu'ils ont un peu de mal avec les débats américains sur l'accès des femmes transgenres (définies comme hommes à la conception) aux toilettes pour dames[1].

Depuis le début de la guerre en Ukraine, nos médias glosent sur l'isolement de la Russie. On retrouve ici le spectaculaire ethnocentrisme de l'Occident, qui pense que le monde entier se réduit à lui. Or, l'économie russe a survécu à sa déconnexion d'avec le système bancaire et financier occidental[2]. Et Moscou entretient toujours de bonnes relations avec la Chine et l'Inde, le Vietnam et la Turquie, le Brésil ainsi que de nombreux pays arabes, latino-américains et africains. Les États qui ont refusé de voter les sanctions contre la Russie représentent deux tiers de l'humanité. Beaucoup de pays non occidentaux sont fatigués par les indignations à géométrie variable et le « deux poids, deux mesures » de l'Ouest, qui s'est enflammé pour l'Ukraine, mais s'est caché les yeux quand ses alliés du Golfe ont bombardé

---

1. Emmanuel Todd, « La Troisième Guerre mondiale a commencé », *Le Figaro*, 12 janvier 2023, propos recueillis par Alexandre Devecchio.
2. N'ayant pris pour l'instant aucune mesure préparatoire pour faire face à une telle éventualité, la France ne tiendrait pas vingt-quatre heures si elle était la cible des mêmes sanctions bancaires.

le Yémen, y provoquant un drame humanitaire. Alors qu'on décrit une Russie isolée, la réalité montre plutôt un Occident autiste : l'Ouest contre le reste.

Les inquiétudes face à la diffusion du wokisme en Occident, et la capacité de Moscou à se peindre en défenseur du bon sens, de la famille et des traditions ne sont pas étrangères à la décision de ces pays conservateurs de maintenir un lien avec la Russie. Alors que le wokisme prétend combattre la domination occidentale, le reste du monde voit en cette rhétorique une nouvelle forme d'ingérence occidentale permettant de s'immiscer dans les affaires de tous les États qui ne respecteraient pas le cahier des charges sociétal promu par les *wokes*. De même que le gauchisme culturel et le wokisme nuisent à l'assimilation des immigrés issus de ces sociétés, ils affaiblissent le monde occidental sur l'échiquier planétaire.

Conclusion

Que faire ?

Il est plus facile de dresser un bilan que de proposer des solutions. Mais sans diagnostic correct, sans analyse lucide, il ne peut y avoir de solutions.

Pour se redresser, les pays occidentaux doivent réduire drastiquement l'immigration, dont les effets sont devenus ingérables, tant ils sont délétères aussi bien pour la cohésion nationale des pays d'accueil que pour le psychisme des populations immigrés. Il faut dire clairement que les immigrés déjà présents doivent s'assimiler (ce que beaucoup ont déjà fait ou sont en train de faire), ou partir. Pour leur bien comme pour le nôtre, on ne saurait tolérer sur notre sol la présence de gens qui refusent notre mode de vie, voire nous haïssent. En plus de moyens coercitifs, une aide financière au départ pourrait être mise en place.

Mais l'Occident doit surtout opérer son indispensable redressement intellectuel et moral. Contrairement à ce qu'affirment les tenants du choc des civilisations, le danger qui nous menace ne vient pas des autres civilisations, mais de nous-mêmes.

Penser que l'on aura la paix en cachant la poussière sous le tapis et en s'enfermant dans le « pas de vague » est un contresens complet. Chaque démission, chaque compromission est perçue comme un aveu de faiblesse et inspire le mépris, poussant à de nouvelles transgressions. Comme l'avait dit Churchill en 1938, après les accords de Munich, où Britanniques et Français s'étaient couchés devant Hitler : « Vous aviez le choix entre la guerre et le déshonneur, vous avez choisi le déshonneur pour éviter la guerre, vous aurez le déshonneur et la guerre. » Au contraire, l'autorité suscite le respect.

Penser qu'on intégrera mieux les populations immigrées en reniant nos traditions, notre histoire, notre culture est aussi un contresens radical. C'est en affirmant fièrement notre identité que l'on pourra créer un authentique désir d'assimilation.

Sortons de l'autoflagellation et de la repentance à l'égard de notre passé, puisqu'ils ne sont en réalité que la poursuite de la colonisation par d'autres moyens. Pour cela, abandonnons certaines catégories mentales, comme celles de « victimes » ou d'« excuses », et acceptons que le bien et le mal soient répartis en quantité égale à peu près partout dans l'univers, tous les peuples ayant été tour à tour envahisseurs et envahis. Le « bon sauvage » est un mythe. L'homme bon à l'état de nature n'existe pas, car déjà nos ancêtres préhistoriques se faisaient la guerre.

Acceptons enfin de nous voir comme une civilisation parmi d'autres, ni meilleure ni pire que les autres, qui n'a ni à imposer son mode de vie en dehors de ses frontières ni à rougir de ce qu'elle est, voilà notre porte de salut. Nous devons respecter toutes les cultures… y compris la nôtre. Il nous faut mettre en place une « écologie des civilisations[1] » : face au rouleau compresseur de la mondialisation et de l'uniformisation, nous devons

1. Hervé Juvin, *La Grande Séparation. Pour une écologie des civilisations*, Gallimard, 2013.

préserver la diversité du monde et défendre toutes les identités, aussi bien celle des tribus amazoniennes ou papoues, des éleveurs dogons ou des montagnards afghans que la nôtre. Mais cela ne peut se faire que si chacune reste dans son milieu naturel. Sans frontières[1], ce programme est impossible.

Aujourd'hui, nous marchons sur la tête : nous agressons les autres peuples chez eux (guerre en Irak, déforestation, etc.), mais nous tolérons qu'ils fassent la loi chez nous. Il serait probablement plus sain de faire l'inverse : respecter les autres chez eux, et se faire respecter chez nous. Un principe de bon sens, en somme.

1. Régis Debray, *Éloge des frontières*, Gallimard, 2010.

Remerciements

Je remercie mon maître, Renaud Girard, grand reporter au *Figaro*, et mon ami Guillaume Bigot. Qu'ils sachent que nos conversations m'ont beaucoup aidé.

Je remercie Patrick Buisson, que j'ai eu l'honneur de bien connaître, qui fut mon ami et l'un de mes maîtres, Il m'a apporté aide, appui et conseils. Il me disait attendre « avec impatience » la sortie du présent ouvrage, mais trouva la mort quelques mois avant sa parution. Aujourd'hui, je peux lui dire ce que Dante disait à Virgile en le prenant pour guide aux Enfers : « *Tu duca, tu signore e tu maestro* » (« Tu es mon guide, mon seigneur et mon maître »).

Je remercie enfin ma mère, dont la relecture et les corrections furent précieuses.

Table

Composition et mise en pages
Nord Compo à Villeneuve-d'Ascq

CET OUVRAGE
A ÉTÉ ACHEVÉ D'IMPRIMER
SUR ROTO-PAGE
PAR L'IMPRIMERIE FLOCH À MAYENNE
EN FÉVRIER 2024

N° d'impression : 104335
Imprimé en France